EL CERCO DE NUMANCIA

EL GALLARDO ESPAÑOL

COLECCIÓN AUSTRAL
N.º 774

ESPASA
S A
C
CALPE

MIGUEL DE CERVANTES SAAVEDRA

EL CERCO DE NUMANCIA

EL GALLARDO ESPAÑOL

SEXTA EDICIÓN

ESPASA-CALPE, S. A.
MADRID

Ediciones para

COLECCIÓN AUSTRAL

Primera edición:	*7 -*	*XI*	*- 1947*
Segunda edición:	*30 -*	*IV*	*- 1948*
Tercera edición:	*27 -*	*X*	*- 1965*
Cuarta edición:	*21 -*	*III*	*- 1970*
Quinta edición:	*26 -*	*VI*	*- 1978*
Sexta edición:	*22 -*	*III*	*- 1983*

—

Depósito legal: M. 8.162–1983

ISBN 84–239–0774–0

Impreso en España
Printed in Spain

Acabado de imprimir el día 22 de marzo de 1983

Talleres gráficos de la Editorial Espasa-Calpe, S. A.
Carretera de Irún, km. 12,200. Madrid-34

ÍNDICE

EL CERCO DE NUMANCIA

EL GALLARDO ESPAÑOL

EL CERCO DE NUMANCIA

ESCIPIÓN, *romano.*
JUGURTA, *romano.*
CAYO MARIO, *romano.*
QUINTO FABIO, *romano.*
CAYO, *soldado romano.*
CUATRO SOLDADOS *romanos.*
DOS NUMANTINOS, *embajadores.*
ESPAÑA.
DUERO.
TRES MUCHACHOS *que representan riachuelos.*
TEÓGENES, *numantino.*
CARAVINO, *numantino.*
CUATRO GOBERNADORES *numantinos.*
MARQUINO, *hechicero numantino.*
MARANDRO, *numantino.*
LEONICIO, *numantino.*
DOS SACERDOTES *numantinos.*
UN PAJE *numantino.*
SEIS PAJES *más, numantinos.*
UN HOMBRE *numantino.*
MILBIO, *numantino.*
UN DEMONIO.
UN MUERTO.
CUATRO MUJERES *de Numancia.*
LIRA, *doncella.*
DOS CIUDADANOS *numantinos.*
UNA MUJER *de Numancia.*
UN HIJO *suyo.*
OTRO HIJO *de aquélla.*
UN MUCHACHO, *hermano de Lira.*
UNA MUJER *de Numancia.*
UN SOLDADO *numantino.*
GUERRA.
ENFERMEDAD.
HAMBRE.
LA MUJER *de Teógenes.*
UN HIJO *suyo.*
OTRO HIJO *y una* HIJA *de Teógenes.*
SERBIO, *muchacho.*
BARIATO, *muchacho que es el que se arroja de la torre.*
UN NUMANTINO.
ERMILIO, *soldado romano.*
LIMPIO, *soldado romano.*
LA FAMA.

JORNADA PRIMERA

Entran ESCIPIÓN, *y* JUGURTA, *y* MARIO, *y* QUINTO FABIO, *hermano de* ESCIPIÓN, *romanos*

ESCIPIÓN. Esta difícil y pesada carga
que el Senado romano me ha encargado,
tanto me aprieta, me fatiga y carga,
que ya sale de quicio mi cuidado.
De guerra y curso tan extraña y larga
y que tantos romanos ha costado,
¿quién no estará suspenso al acabarla?
¡Ah! ¿Quién no temerá de renovarla?

JUGURTA. ¿Quién, Cipión? Quien tiene la ventura,
el valor, nunca visto, que en ti encierras,
pues con ella y con él está segura
la victoria y el triunfo de estas guerras.

ESCIPIÓN. El esfuerzo regido con cordura
allana al suelo las más altas sierras,
y la fuerza feroz de loca mano
áspero vuelve lo que está más llano;
mas no hay que reprimir, a lo que veo,
la furia del ejército presente,
que, olvidado de gloria y de trofeo,
yace embebido en la lascivia ardiente;
y esto sólo pretendo, esto deseo:
volver a nuevo trato nuestra gente,
que, enmendando primero al que es amigo,
sujetaré más presto al enemigo.
¡Mario!

MARIO. ¿Señor?

ESCIPIÓN. Haz que a noticia venga
de todo nuestro ejército en un punto,
que, sin que estorbo alguno le detenga,
parezca en este sitio todo junto,
porque una breve plática de arenga
les quiero hacer.

MARIO. Harélo en este punto.
ESCIPIÓN. Camina, porque es bien que sepan todos
mis nuevas trazas y sus viejos modos.

(*Vase* MARIO.)

JUGURTA. Séte, decir, señor, que no hay soldado
que no te tema juntamente y ame;
y porque ese valor tuyo extremado,
de Antártico a Calixto se derrame,
cada cual, con feroz ánimo osado,
cuando la trompa a la ocasión les llame,
piensa hacer en tus servicios cosas
que pasen las hazañas fabulosas.

ESCIPIÓN. Primero es menester que se refrene
el vicio que entre todos se derrama;
que si éste no se quita, en nada tiene
con ellos que hacer la buena fama.
Si este daño común no se previene
y se deja arraigar su ardiente llama,
el vicio sólo puede hacernos guerra
más que los enemigos de esta tierra.

(Tocan a recoger, y échase de adentro este bando:)

«Manda nuestro general
que se recojan armados
luego todos los soldados
en la plaza principal,
y que ninguno no quede
de parecer a esta vista,
so pena que de la lista
al punto borrado quede.»

JUGURTA. No dudo yo, señor, sino que importa
[re]coger con duro freno la malicia,
y que se dé al soldado rienda corta
cuando él se precipita en la injusticia.
La fuerza del ejército se acorta
cuando va sin arrimo la justicia,
aunque más le acompañen a montones
mil pintadas banderas y escuadrones.

Entra un alarde de SOLDADOS, *armados a lo antiguo, sin arcabuces, y* ESCIPIÓN *se sube sobre una peña, que estará allí, y dice:*

ESCIPIÓN. En el fiero ademán, en los lozanos
marciales aderezos y vistosos,
bien os conozco, amigos, por romanos;
romanos, digo, fuertes y animosos;
mas en las blancas delicadas manos

y en las teces de rostros tan lustrosos
allá en Bretaña parecéis criados,
y de padres flamencos engendrados.
El general descuido vuestro, amigos,
el no mirar por lo que tanto os toca,
levanta los caídos enemigos,
que vuestro esfuerzo y opinión apoca.
De esta ciudad los muros son testigos,
que aun hoy está cual bien fundada roca
de vuestras perezosas fuerzas vanas,
que sólo el nombre tienen de romanas.
¿Paréceos, hijos, que es gentil hazaña
que tiemble del romano nombre el mundo,
y que vosotros solos en España,
le aniquiléis y echéis en el profundo?
¿Qué flojedad es ésta tan extraña?
¿Qué flojedad? Si yo mal no me fundo,
es flojedad nacida de pereza,
enemiga mortal de fortaleza.
La blanda Venus con el duro Marte
jamás hacen durable ayuntamiento;
ella regalos sigue, él sigue arte
que incita daños y furor sangriento.
La cipria diosa estése agora aparte;
deje su hijo nuestro alojamiento,
que mal se aloja en las marciales tiendas
quien gusta de banquetes y meriendas.
¿Pensáis que sólo atierra la muralla
el almete y la acerada punta,
y que sólo atropella la batalla
la multitud de gentes y armas juntas?
Si esfuerzo de cordura no señala,
que todo lo previene y lo barrunta,
poco aprovechan muchos escuadrones
y menos infinitas municiones.
Si a militar concierto se reduce,
cualque pequeño ejército que sea,
veréis que como sol claro reluce,
y alcanza las victorias que desea;
pero si a flojedad él se conduce,
aunque abreviado el mundo en él se vea,
en un momento quedará deshecho
por más reglada mano y fuerte pecho.
Avergonzaos, varones esforzados,
porque, a nuestro pesar, con arrogancia,
tan pocos españoles, y encerrados,
defiendan este nido de Numancia.
Dieciséis años son y más pasados

que mantienen la guerra y la ganancia
de haber vencido con feroces manos
millares de millares de romanos.
Vosotros os vencéis, que estáis vencidos
del bajo antojo y femenil, liviano,
con Venus y con Baco entretenidos,
sin que a las armas extendáis la mano.
Correos agora, si no estáis corridos,
de ver que este pequeño pueblo hispano
contra el poder romano se defienda,
y, cuanto más rendido, más ofenda.
De nuestro campo quiero, en todo caso,
que salgan las infames meretrices,
que de ser reducidos a este paso,
ellas solas han sido las raíces.
Para beber no quede más de un vaso,
y los lechos, un tiempo ya felices,
llenos de concubinas, se deshagan,
y de fajina y en el suelo se hagan.
No me huela el soldado otros olores
que el olor de la pez y de resina,
ni por golosidad de los sabores
traiga siempre aparato de cocina:
que el que usa en la guerra estos primores
muy mal podrá sufrir la cota fina;
no quiero otro primor ni otra fragancia
en tanto que español viva en Numancia.
No os parezca, varones, escabroso
ni duro este mi justo mandamiento,
que al fin conoceréis ser provechoso,
cuando aquél consigáis de vuestro intento.
Bien se os ha de hacer dificultoso
dar a vuestras costumbres nuevo asiento;
mas si no las mudáis estará firme
la guerra que esta afrenta más confirme.
En blandas camas, entre juego y vino,
hállase mal el trabajoso Marte;
otro aparejo busca, otro camino;
otros brazos levantan su estandarte;
cada cual se fabrica su destino;
no tiene allí fortuna alguna parte;
la pereza fortuna baja cría;
la diligencia, imperio y monarquía.
Estoy con todo esto tan seguro
de que al fin mostraréis que sois romanos,
que tengo en nada el defendido muro
de estos rebeldes bárbaros hispanos;
y así, os prometo por mi diestra y juro

que, si igualáis al ánimo las manos,
que las mías se alarguen en pagaros,
y mi lengua también en alabaros.

(Míranse los SOLDADOS *unos a otros, y hacen señas a uno de ellos, que se llama* CAYO MARIO, *que responda por todos, y dice:)*

CAYO. Si con atentos ojos has mirado,
ínclito general, en los semblantes
que a tus breves razones han mostrado
los que tienes agora circunstantes,
cuál habrás visto sin color, turbado,
y cuál con ella, indicios bien bastantes
de que el temor y la vergüenza a una
los aflige, molesta e importuna:
vergüenza, de mirar ser reducidos
a término tan bajo por su culpa,
que viendo ser por ti reprehendidos,
no saben a esa falta hacer disculpa;
temor, de tantos yerros cometidos;
y la torpe pereza que los culpa
los tienen de tal modo, que se holgaran
antes morir que en esto se hallaran.
Pero el lugar y el tiempo que los queda
para mostrar alguna recompensa,
es causa que con menos fuerza pueda
fatigarte el rigor de tal ofensa.
De hoy más, con presta voluntad y leda,
el más mínimo de éstos cuida y piensa
de ofrecer sin revés a tu servicio
la hacienda, vida, honra en sacrificio.
Admite, pues, de sus intentos sanos
al justo ofrecimiento, señor mío,
y considera al fin que son romanos,
en quien nunca faltó del todo brío.
Vosotros levantad las diestras manos,
en señal que aprobáis el voto mío.

SOLDADO 1.º Todo lo que habéis dicho confirmamos.

SOLDADO 2.º Y lo juramos todos.

TODOS. Sí, juramos.

ESCIPIÓN. Pues, arrimado a tal ofrecimiento,
crece ya desde hoy mi confianza
creciendo en vuestros pechos ardimiento
y del viejo vivir nueva mudanza.
Vuestras promesas no se lleve el viento;
hacedlas verdaderas con la lanza;
que las mías saldrán tan verdaderas,
cuanto fuere el valor de vuestras veras.

SOLDADO 1.º Dos numantinos con seguro vienen
a darte, [Es]cipión, una embajada.
ESCIPIÓN. ¿Por qué no llegan ya? ¿En qué se detienen?
SOLDADO. Esperan que licencia les sea dada.
ESCIPIÓN. Si son embajadores, ya la tienen.
SOLDADO. Embajadores son.
ESCIPIÓN. Dadles entrada;
que aunque descubran cierto falso pecho,
al enemigo siempre de provecho,
jamás la falsedad vino cubierta
tanto con la verdad, que no mostrase
algún pequeño indicio, alguna puerta
por donde su maldad se atestiguase.
Oír al enemigo es cosa cierta
que siempre aprovechó más que dañase,
y, en las cosas de guerra, la experiencia
muestra que lo que digo es cierta ciencia.

Entran dos NUMANTINOS, *embajadores*

NUMANT. 1.º Si nos das, gran señor, grata licencia,
decirte he la embajada que traemos:
do estamos, o ante sola tu presencia,
todo a lo que venimos te diremos.
ESCIPIÓN. Decid; que adondequiera doy audiencia.
NUMANT. 1.º Pues con ese seguro que tenemos,
de tu real grandeza concedido,
daré principio a lo que soy venido.
Numancia, de quien yo soy ciudadano,
ínclito general, a ti me envía,
como el más fuerte capitán romano
que ha cubierto la noche y visto el día,
a pedirte, señor, la amiga mano,
en señal de que cesa la porfía
tan trabada y cruel de tantos años,
que ha causado sus propios y tus daños.
Dice que nunca de la ley y fueros
del Senado romano se apartara
si el insufrible mando y desafueros
de un cónsul y otro no le fatigara.
Ellos con duros estatutos fieros
y con su extraña condición avara,
pusieron tan gran yugo a nuestros cuellos,
que forzados salimos de él y de ellos;
y en todo el largo tiempo que ha durado
entrambas partes la contienda, es cierto
que ningún general hemos hallado
con quien poder tratar algún concierto.
Empero agora, que ha querido el hado

reducir nuestra nave a tan buen puerto,
las velas de la gavia recogemos
y a cualquiera partido nos ponemos.
No imagines que temor nos lleva
a pedirte las paces con instancia,
pues la larga experiencia ha dado prueba
del poder valeroso de Numancia.
Tu virtud y valor es quien nos ceba,
y nos declara que será ganancia
mayor que cuantas desear podemos,
si por señor y amigo te tenemos.
A esto ha sido la venida nuestra.
Respóndenos, señor, lo que te place.

ESCIPIÓN. ¡Tarde de arrepentidos dais la muestra!
Poco vuestra amistad me satisface.
De nuevo ejercitad la fuerte diestra,
que quiero ver lo que la mía hace;
quizá que ha puesto en ella la ventura
la gloria nuestra y vuestra sepultura.
A desvergüenza de tan largos años,
es poca recompensa pedir paces.
Seguid la guerra y renovad los daños.
Salgan de nuevo las valientes haces.

NUMANT. 1.° La falsa confianza mil engaños
consigo trae; advierte lo que haces,
señor, que esa arrogancia que nos muestras
remunera el valor en nuestras diestras;
y pues niegas la paz que con buen celo
te ha sido por nosotros demandada,
de hoy más la causa nuestra con el cielo
quedará por mejor calificada,
y antes que pises de Numancia el suelo
probarás do se extiende la indignada
fuerza de aquel que, siéndote enemigo,
quier ser tu vasallo y fiel amigo.

ESCIPIÓN. ¿Tenéis más que decir?

NUMANTINOS. No; mas tenemos
que hacer, pues tú, señor, así lo quieres,
sin querer la amistad que te ofrecemos
correspondiendo mal de ser quien eres.
Pero entonces verás lo que podremos
cuando nos muestres tú lo que pudieres:
que es una cosa razonar de paces
y otra romper por las armadas haces.

ESCIPIÓN. Verdad decís; y así, para mostraros
si sé tratar de paz y hablar en guerra,
no quiero por amigos aceptaros,

ni lo seré jamás de vuestra tierra.
Y con esto podéis luego tornaros.

NUMANTINOS. ¿Que en esto tu querer, señor, se encierra?

ESCIPIÓN. Ya te he dicho que sí.

NUMANT. 2.º Pues, ¡sus!, al hecho;
que guerra ama el numantino pecho.

Vanse los EMBAJADORES, *y dice* QUINTO FABIO, *hermano de* ESCIPIÓN:

QUINTO. El descuido pasado nuestro, ha sido
el que les hace hablar de aquesta suerte;
mas ya es llegado el tiempo y es venido
do veréis nuestra gloria y vuestra muerte.

ESCIPIÓN. El vano blasonar no es admitido
de pecho valeroso, honrado y fuerte.
Templa las amenazas, Fabio, y calla,
y tu valor descubre en la batalla;
aunque yo pienso hacer que el numantino
nunca a las manos de nosotros venga,
buscando de vencerle tal camino,
que más a mi provecho se convenga,
y haré que baje el brío y pierda el tino
y que en sí mismo su furor detenga.
Pienso de un hondo foso rodearlos,
y por hambre insufrible he de acabarlos.
No quiero yo que sangre de romanos
colore más el suelo de esta tierra;
basta la que han vertido estos hispanos
en tan larga, reñida y cruda guerra.
Ejercítense agora vuestras manos
en romper y a cavar la dura tierra,
y cubrirse de polvo los amigos
que no lo están de sangre de enemigos.
No quede de este oficio reservado
ninguno que le tenga preeminente.
Trabaje el decurión como el soldado,
y no se muestre en esto diferente.
Yo mismo tomaré el hierro pesado
y romperé la tierra fácilmente.
Haced todos cual yo; veréis que hago
tal obra, con que a todos satisfago.

QUINTO. Valeroso señor y hermano mío,
bien nos muestras en esto tu cordura;
pues fuera conocido desvarío
y temeraria muestra de locura
pelear contra el loco airado brío
de estos desesperados sin ventura.

Mejor será encerrarlos como dices,
y quitarles al brío las raíces.
Bien puede la ciudad toda cercarse,
si no es la parte por do el río la baña.

ESCIPIÓN. Vamos, y venga luego a efectuarse
esta mi nueva traza, usada hazaña;
que si en mi favor quiere mostrarse
el cielo, quedará sujeta España
al Senado romano, solamente
con vencer la soberbia de esta gente.

Vanse y sale ESPAÑA, *coronada con unas torres, y trae un castillo en la mano, que significa España*

ESPAÑA. ¡Alto, sereno y espacioso cielo,
que con tus influencias enriqueces
la parte que es mayor de este mi suelo
y sobre muchos otros le engrandeces;
muévate a compasión mi amargo duelo,
y pues, al afligido favoreces,
favoréceme a mí en ansia tamaña,
que soy la sola y desdichada España!
Basta ya que un tiempo me tuviste
todos mis flacos miembros abrasados,
y al sol por mis entrañas descubriste
al reino oscuro de los condenados,
y a mil tiranos mil riquezas diste;
a fenicios y a griegos entregados
mis reinos fueron porque tú has querido
o porque mi maldad lo ha merecido.
¿Será posible que continuo sea
esclava de naciones extranjeras
y que un pequeño tiempo yo no vea
de libertad tendidas mis banderas?
Con justísimo título se emplea
en mí el rigor de tantas penas fieras,
pues mis famosos hijos y valientes
andan entre sí mismos diferentes.
Jamás entre su pecho concertaron
los divididos ánimos furiosos;
antes entonces más los apartaron
cuando se vieron más menesterosos;
y así con sus discordias convidaron
los bárbaros de pechos codiciosos
a venir a entregarse en mis riquezas,
usando en mí y en ellos mil crudezas.
Numancia es la que agora sola ha sido
quien la luciente espada sacó fuera,
y a costa de su sangre ha mantenido

la amada libertad suya y primera.
Mas, ¡ay!, que veo el término cumplido,
llegada ya la hora postrimera
do acabará su vida y no su fama,
cual fénix renovándose en la llama.
Estos tan mucho temidos romanos,
que buscan de vencer cien mil caminos,
rehuyendo venir más a las manos
con los pocos valientes numantinos,
¡oh, si saliesen sus intentos vanos
y fuesen sus quimeras desatinos,
que esta pequeña tierra de Numancia
sacase de su pérdida ganancia!
Mas, ¡ay!, que el enemigo la ha cercado,
no sólo con las armas contrapuestas
al flaco muro suyo, mas ha obrado
con diligencia extraña y manos prestas
que un foso por la margen concertado
rodee a la ciudad por llano y cuestas;
sólo la parte por do el río se extiende,
de este ardid nunca visto se defiende.
Así están escogidos y encerrados
los tristes numantinos en sus muros;
ni ellos pueden salir, ni ser entrados,
y están de los asaltos bien seguros.
Pero en sólo mirar que están privados
de ejercitar sus fuertes brazos duros,
la guerra pediré o la muerte a voces,
con horrendos acentos y feroces;
y pues sola la parte por do corre
y toca a la ciudad el ancho Duero,
es aquella que ayuda y que socorre
en algo al numantino prisionero,
antes que alguna máquina o gran torre
en sus aguas se funde, rogar quiero
al caudaloso y conocido río,
en lo que puede, ayude al pueblo mío.
Duero gentil, que, con torcidas vueltas
humedeces gran parte de mi seno,
así en tus aguas siempre veas envueltas
arenas de oro cual el Tajo ameno;
así las ninfas fugitivas sueltas,
de que está el verde prado y bosque lleno,
vengan humildes a tus aguas claras,
y en prestarte favor no sean avaras,
que prestes a mis ásperos lamentos
atento oído, o que a escucharlos vengas,
aunque dejes un rato tus contentos.

Suplícote que en nada te detengas.
Si tú, con tus continuos crecimientos,
de estos fieros romanos no te vengas,
cerrado veo ya cualquier camino
a la salud del pueblo numantino.

Sale el río DUERO *con otros ríos, que serán tres muchachos, vestidos como que son tres riachuelos que entran en Duero junto a Soria, que en aquel tiempo fue Numancia.*

DUERO. Madre querida, España: rato había
que oí en mis oídos tus querellas,
y si en salir acá me detenía
fue por no poder dar remedio a ellas.
El fatal miserable y triste día,
según el disponer de las estrellas,
se llega de Numancia, y cierto temo
que no hay remedio a su dolor extremo.
Con Obrón y Minuesa y también Tera,
cuyas aguas las mías acrecientan,
he llenado mi seno en tal manera,
que las usadas márgenes revientan;
mas, sin temor de mi veloz carrera,
cual si fuera un arroyo, veo que intentan
de hacer lo que tú, España, nunca veas;
sobre mis aguas, torres y trincheas.
Mas ya que el revolver del duro hado
tenga el último fin estatuido
de ese tu pueblo numantino armado,
pues a términos tales ha venido,
un consuelo me queda en este estado:
que no podrán las sombras del olvido
oscurecer el sol de sus hazañas,
en toda edad tenidas por extrañas;
y puesto que el feroz romano tiende
el paso ahora para tan fértil suelo,
que te oprime aquí y allí te ofende
con arrogante y ambicioso celo,
tiempo vendrá, según que así lo entiende
el saber que a Proteo ha dado el cielo,
que estos romanos sean oprimidos
por los que agora tienen abatidos.
De remotas naciones venir veo
gentes que habitarán tu dulce seno
después que, como quiere tu deseo,
habrán a los romanos puesto freno:
godos serán, que, con vistoso arreo,
dejarán de su fama el mundo lleno;

vendrán a recogerse en tus entrañas,
dando de nuevo vida a sus hazañas.
Estas injurias vengará la mano
del fiero Atila en tiempos venideros,
poniendo al pueblo tan feroz romano
sujeto a obedecer todos sus fueros,
y portillos abriendo en Vaticano
sus bravos hijos y otros extranjeros,
harán que para huir vuelva la planta
el gran piloto de la nave santa;
y también vendrá tiempo en que se mire
estar blandiendo el español cuchillo
sobre el cuello romano, y que respire
sólo por la bondad de su caudillo.
El grande Albano hará que se retire
el español ejército, sencillo,
no de valor, sino de poca gente,
pues que con ella hará que se le aumente;
y cuando fuere ya más conocido
el propio Hacedor de tierra y cielo,
aquel que ha de quedar instituido
por visorrey de Dios en todo el suelo,
a tus reyes dará tal apellido
que él vea que más cuadre y dé consuelo.
Católicos serán llamados todos,
sujeción e insignia de los godos;
pero el que más levantará la mano
en honra tuya y general contento
haciendo que el valor del nombre hispano
tenga entre todos el mejor asiento,
un rey será de cuyo intento sano
grandes cosas me muestra el pensamiento;
será llamado, siendo suyo el mundo,
el segundo Felipo sin segundo.
Debajo de este imperio tan dichoso,
serán a una corona reducidos,
por bien universal y a tu reposo,
tus reinos, hasta entonces divididos.
El jirón lusitano, tan famoso,
que un tiempo se cortó de los vestidos
de la ilustre Castilla, ha de asirse
de nuevo, y a su antiguo ser venirse.
¡Qué envidia, qué temor, España amada,
te tendrán mil naciones extranjeras,
en quien tú teñirás tu aguda espada
y tenderás triunfando tus banderas!
Sírvate esto de alivio en la pasada
ocasión, por quien lloras tan de veras,

pues no puede faltar lo que ordenado
ya tiene de Numancia el duro hado.

ESPAÑA. Tus razones alivio han dado en parte,
famoso Duero, a las pasiones mías,
sólo porque imagino que no hay parte
de engaño alguno en estas profecías.

DUERO. Bien puedes de hecho, España, asegurarte,
puesto que tarden tan dichosos días.
Y, adiós, porque me esperan ya mis ninfas.

ESPAÑA. ¡El cielo aumente tus sabrosas linfas!

JORNADA SEGUNDA

Salen TEÓGENES *y* CARAVINO, *con otros cuatro* NUMANTINOS, *gobernadores de Numancia, y* MARQUINO, *hechicero, y siéntanse*

TEÓGENES. Paréceme, varones esforzados,
que en nuestros daños con rigor influyen
los tristes signos y contrarios hados,
pues nuestra fuerza humana disminuyen.
Tiénennos los romanos encerrados,
y con cobardes manos nos destruyen;
ni con matar muriendo no hay vengarnos,
ni podemos sin alas escaparnos.
No sólo a vencernos se despiertan
los que habemos vencido veces tantas;
que también españoles se conciertan
con ellos a segar nuestras gargantas.
Tan gran maldad los cielos no consientan;
con rayos hieran las ligeras plantas
que se muestren en daño del amigo,
favoreciendo al pérfido enemigo.
Mirad si imagináis algún remedio
para salir de tanta desventura,
porque este largo y trabajoso asedio
sólo promete presta sepultura.
El ancho foso nos estorba el medio
de probar con las armas la ventura,
aunque a veces valientes fuertes brazos,
rompen mil contrapuestos embarazos.

CARAVINO. ¡A Júpiter pluguiera soberano
que nuestra juventud sola se viera
con todo el cruel ejército romano,
adonde el brazo rodear pudiera,
que allí, al valor de la española mano,
la misma muerte poco estorbo hiciera
para dejar de abrir franco camino
a la salud del pueblo numantino!

Mas, pues, en tales términos nos vemos,
que estamos como damas encerrados,
hagamos todo cuanto hacer podemos
para mostrar los ánimos osados;
a nuestros enemigos convidemos
a singular batalla; que, cansados
de este cerco tan largo, ser podría
quisiesen acabarle por tal vía.
Y cuando este remedio no suceda
a la justa medida del deseo,
otro camino de intentar nos queda,
aunque más trabajoso a lo que creo:
este foso y muralla que nos veda
el paso al enemigo que allí veo,
en un tropel de noche le rompamos,
y por ayuda a los amigos vamos.

NUMANT. 1.º O sea por el foso o por la muerte (1),
de abrir tenemos paso a nuestra vida:
que es dolor insufrible el de la muerte,
si llega cuando más vive la vida.
Remedio a las miserias es la muerte,
si se acrecientan ellas con la vida,
y suele tanto más ser excelente
cuanto se muere más honradamente.

NUMANT. 2.º ¿Con qué más honra pueden apartarse
de nuestros cuerpos estas almas nuestras
que en las romanas haces arrojarse
y en su daño mover las fuerzas diestras?
Y en la ciudad podrá muy bien quedarse
quien gusta de cobarde dar las muestras:
que yo mi gusto pongo en quedar muerto
en el cerrado foso o campo abierto.

NUMANT. 3.º Esta insufrible hambre macilenta,
que tanto nos persigue y nos rodea,
hace que en vuestro parecer consienta,
puesto que temerario y duro sea.
Muriendo, excusar hemos tanta afrenta;
y quien morir de hambre no desea,
arrójese conmigo al foso y haga
camino su remedio con la daga.

NUMANT. 4.º Primero que vengáis al trance duro
de esta resolución que habéis tomado,
paréceme ser bien que desde el muro
nuestro fiero enemigo sea avisado,
diciéndole que dé campo seguro
a un numantino y a otro su soldado,

(1) En otro manuscrito, *suerte*.—(*N. de los E.*)

y que la muerte de uno sea sentencia
que acabe nuestra antigua diferencia.
Son los romanos tan soberbia gente,
que luego aceptarán este partido;
y si lo aceptan, creo firmemente
que nuestro amargo daño ha fenecido,
pues está un numantino aquí presente
cuyo valor me tiene persuadido
que él solo contra tres de los romanos
quitará la victoria de las manos.
También será acertado que Marquino,
pues es un agorero tan famoso,
mire qué estrella o qué planeta o si[g]no
nos amenaza a muerte o fin honroso,
o si se puede hallar algún camino
que nos pueda mostrar si del dudoso
cerco cruel do estamos oprimidos
saldremos vencedores o vencidos.
También primero encargo que se haga
a Júpiter solemne sacrificio,
de quien podremos esperar la paga
harto mayor que nuestro beneficio.
Cúrese luego la profunda llaga
del arraigado acostumbrado vicio:
quizá con esto mudará de intento
el hado esquivo, y nos dará contento.
Para morir, jamás le falta tiempo
al que quiere morir desesperado.
Siempre seremos a sazón y a tiempo
para mostrar muriendo el pecho osado;
mas, por que no se pase en balde el tiempo,
mirad si os cuadra lo que he demandado,
y, si no os parece, dad un modo
que mejor venga y que convenga a todo.

MARQUINO. Esa razón que muestran tus razones
es aprobada del intento mío.
Háganse sacrificios y oblaciones
y póngase en efecto el desafío,
que yo no perderé las ocasiones
de mostrar de mi ciencia el poderío;
yo os sacaré del hondo centro oscuro
quien nos declare el bien, el mal futuro.

TEÓGENES. Yo desde aquí me ofrezco, si os parece
que puede de mi esfuerzo algo fiarse,
de salir a esta duda que se ofrece,
si por ventura viene a efectuarse.

CARAVINO. Más honra tu valor claro merece;
bien pueden de tu esfuerzo confiarse

más difíciles cosas, y aun mayores,
por ser el que es mejor de los mejores.
Y pues tú ocupas el lugar primero
de la honra y valor con causa justa,
yo que en todo me cuento por postrero,
quiero ser el heraldo de esta justa.

NUMANT. 1.º Pues yo con todo el pueblo me prefiero
hacer de lo que Júpiter más gusta,
que son los sacrificios y oblaciones,
si van con enmendados corazones.

NUMANT. 2.º Vámonos, y con presta diligencia
hagamos cuanto aquí propuesto habemos,
antes que la pestífera dolencia
de la hambre nos ponga en los extremos.
Si tiene el cielo dada la sentencia
de que en este rigor fiero acabemos,
revóquela, si acaso lo merece
la presta enmienda que Numancia ofrece.

Vanse, y salen MARANDRO *y* LEONICIO, *numantinos*

LEONICIO. Marandro amigo, ¿dó vas,
o hacia dó mueves el pie?

MARANDRO. Si yo mismo no lo sé,
tampoco tú lo sabrás.

LEONICIO. ¡Cómo te saca de seso
tu amoroso pensamiento!

MARANDRO. Antes, después que le siento,
tengo más razón y peso.

LEONICIO. Eso ya está averiguado:
que el que sirviere al amor,
ha de ser por su dolor
con razón muy más pesado.

MARANDRO. De malicia o de agudeza
no escapa lo que dijiste.

LEONICIO. Tú mi agudeza entendiste,
mas yo entendí tu simpleza.

MARANDRO. ¿Qué simpleza? ¿Querer bien?

LEONICIO. Si al querer no se le mide
como la razón lo pide,
con cuándo, cómo y a quién.

MARANDRO. ¿Reglas quies poner a amor?

LEONICIO. La razón puede ponellas.

MARANDRO. Razonables serán ellas,
mas no de mucho primor.

LEONICIO. En la amorosa porfía,
a razón no hay conocella.

MARANDRO. Amor no va contra ella,
aunque de ella se desvía.

LEONICIO. ¿No es ir contra la razón,
siendo tú tan buen soldado,
andar tan enamorado
en tan extraña ocasión?
Al tiempo que del dios Marte
has de pedir el favor,
¿te entretienes con amor,
quien mil blanduras reparte?
¿Ves la patria consumida
y de enemigos cercada,
y tu memoria, burlada
por amor, de ella se olvida?

MARANDRO. En ira mi pecho se arde
por ver que hablas sin cordura.
¿Hizo el amor, por ventura,
a ningún pecho cobarde?
¿Dejé yo la centinela
por ir donde está mi dama,
o estoy durmiendo en la cama,
cuando mi capitán vela?
¿Hasme visto tú faltar
de lo que debo a mi oficio,
para algún regalo o vicio,
ni menos por bien amar?
Y si nada no has hallado
de que debo dar disculpa,
¿por qué me das tanta culpa
de que sea enamorado?
Y si de conversación
me ves que ando siempre ajeno,
mete la mano en tu seno,
verás si tengo razón.
¿No sabes los muchos años
que tras Lira ando perdido?
¿No sabes que era venido
el fin todo a nuestros daños,
porque su padre ordenaba
de dármela por mujer,
y que Lira su querer
con el mío concertaba?
También sabes que llegó
en tan dulce coyuntura
esta fuerte guerra dura,
por quien mi gloria cesó.
Dilatóse el casamiento
hasta acabar esta guerra,
porque no está nuestra tierra
para fiestas y contento.

Mira cuán poca esperanza
puedo tener de mi gloria,
pues está nuestra victoria
toda en la enemiga lanza.
De la hambre fatigados,
sin medio de algún remedio,
tal muralla y foso en medio,
pocos, y ésos encerrados;
pues como veo llevar
mis esperanzas del viento,
ando triste y descontento,
así cual me ves andar.

LEONICIO. Sosiega, Marandro, el pecho;
vuelve al brío que tenías;
quizá que por otras vías
se ordena nuestro provecho,
y Júpiter soberano
nos descubra buen camino
por do el pueblo numantino
quede libre del romano,
y en dulce paz y sosiego
de tu esposa gozarás,
y la llama templarás
de aquel amoroso fuego;
que para tener propicio
al gran Júpiter tonante,
hoy Numancia en este instante
le quiere hacer sacrificio.
Ya el pueblo viene y se muestra
con las víctimas e incienso.
¡Oh Júpiter, padre inmenso,
mira la miseria nuestra!

Apártanse a un lado, y salen dos NUMANTINOS *vestidos como sacerdotes antiguos, y han de traer asido de los cuernos en medio un carnero grande, coronado de oliva y otras flores, y un* PAJE *con una fuente de plata y una toalla, y otro con un jarro de agua, y otros dos con dos jarros de vino, y otro con otra fuente de plata con un poco de incienso, y otros con fuego y leña, y otro que ponga una mesa con un tapete donde se ponga todo lo que hubiere en la comedia, en hábitos de numantinos; y luego los* SACERDOTES, *dejando el uno el carnero de la mano, diga, y han de entrar* TEÓGENES *y muchos numantinos.*

SACERD. 1.° Señales ciertas de dolores ciertos
se me han representado en el camino,
y los canos cabellos tengo yertos.

SACERD. 2.º Si acaso, no soy mal adivino,
nunca con bien saldremos de esta empresa.
¡Ay, desdichado pueblo numantino!
SACERD. 1.º Hagamos nuestro oficio con la priesa
que nos incitan los agüeros tristes.
Poned, amigos, hacia aquí esa mesa.
SACERD. 2.º El vino, incienso y agua que trajistes
ponedlo encima y apartaos afuera,
y arrepentíos de cuanto mal hicistes:
que la oblación mejor y la primera
que se ha de ofrecer al alto cielo,
es alma limpia y voluntad sincera.
SACERD. 1.º El fuego no le hagáis vos en el suelo,
que aquí viene brasero para ello,
que así lo pide el religioso celo.
SACERD. 2.º Lavaos las manos y limpiaos el cuello.
Dad acá el agua. ¿El fuego no se enciende?
NUMANTINO. No hay quien pueda, señores, encendello.
SACERD. 2.º ¡Oh Júpiter! ¿Qué es esto que pretende
de hacer en nuestro daño el hado esquivo?
¿Cómo el fuego en la tea no se enciende?
NUMANTINO. Ya parece, señor, que está algo vivo.
SACERD. 2.º Quítate afuera. ¡Oh flaca llama oscura,
qué dolor en mirarte tal recibo!
¿No miras cómo el humo se apresura
a caminar al lado de Poniente,
y la amarilla llama, mal segura,
sus puntas encamina hacia el Oriente?
¡Desdichada señal, señal notoria
que nuestro mal y daño está patente!
SACERD. 1.º Aunque lleven romanos la victoria
de nuestra muerte, en humo ha de tornarse,
y en llamas vivas nuestra muerte y gloria.
SACERD. 2.º Pues debe con el vino rociarse
el sacro fuego, dad acá ese vino
y el incienso también ha de quemarse.

(Rocía el fuego con el vino a la redonda, y luego pone el incienso en el fuego y dice:)

Al bien del triste pueblo numantino
endereza, ¡oh gran Júpiter!, la fuerza
propicia del contrario amargo sino.
Así como este ardiente fuego fuerza
a que en humo se vaya el sacro incienso,
así se haga el enemigo fuerza
para que en humo, eterno padre inmenso,
todo su bien, toda su gloria vaya,
así como tú puedes y yo pienso;

tengan los cielos su poder a raya,
así como esta víctima tenemos,
y lo que ella ha de haber él también haya.

SACERD. 1.º Mal responde el agüero; mal podremos
ofrecer esperanza al pueblo triste,
para salir del mal que poseemos.

(Hágase ruido debajo del tablado con un barril lleno de piedras, y dispárese un cohete volador)

SACERD. 2.º ¿No oyes un ruido, amigo? Di, ¿no viste
el rayo ardiente que pasó volando?
Presagio verdadero de esto fuiste.

SACERD. 1.º Turbado estoy; de miedo estoy temblando.
¡Oh, qué señales!, a lo que yo veo,
¡qué amargo fin están pronosticando!
¿No ves un escuadrón airado y feo?
¿Ves las águilas feas que pelean
con otras aves en marcial rodeo?

SACERD. 2.º Sólo su esfuerzo y su rigor emplean
en encerrar las aves en un cabo,
y con astucia y arte las rodean.

SACERD. 1.º Tal señal vitupero y no la alabo.
¿Águilas imperiales vencedoras?
¡Tú verás de Numancia presto el cabo!

SACERD. 2.º Águilas, de gran mal anunciadoras,
partíos, que ya el agüero vuestro entiendo,
ya en efecto contadas son las horas.

SACERD. 1.º Con todo, el sacrificio hacer pretendo
de esta inocente víctima, guardada
para aplacar al dios del gesto horrendo.

SACERD. 2.º ¡Oh gran Plutón, a quien por suerte dada
le fue la habitación del reino oscuro
y el mando en la infernal triste morada!
Así vivas en paz, cierto y seguro,
de que la hija de la sacra Ceres
corresponda a tu amor con amor puro,
que todo aquello que en provecho vieres
venir del pueblo triste que te invoca,
lo allegues cual se espera de quien eres.
Atapa la profunda, oscura boca
por do salen las tres fieras hermanas
a hacernos el daño que nos toca,
y sean de dañarnos tan livianas
sus intenciones, que las lleve el viento,
como se lleva el pelo de estas lanas.

(Quita algunos pelos del carnero, y échalos al aire)

SACERD. 1.º Y así como te baño y ensangriento
este cuchillo en esta sangre pura,

con alma limpia y limpio pensamiento,
así la tierra de Numancia dura
se bañe con la sangre de romanos,
y aun los sirva también de sepultura.

Sale por el hueco del tablado un DEMONIO *hasta el medio cuerpo, y ha de arrebatar el carnero y volverse a disparar el fuego y todos los sacrificios.*

SACERD. 2.º Mas ¿quién me ha arrebatado de las manos
la víctima? ¿Qué es esto, dioses santos?
¿Qué prodigios son éstos tan insanos?
No os han enternecido ya los llantos
de este pueblo lloroso y afligido,
ni la arpada voz de aquestos cantos,
antes creo que se han endurecido,
cual pueden inferir en las señales
tan fieras como aquí han acontecido.
Nuestros vivos remedios son mortales;
toda nuestra pereza es diligencia,
y los bienes ajenos, nuestros males.

NUMANTINO. En fin dado han los cielos la sentencia
de nuestro fin amargo y miserable.
No nos quiere valer ya su clemencia;
lloremos, pues es fin tan lamentable,
nuestra desdicha; que la edad postrera
de él y de nuestras fuerzas siempre hable.

TEÓGENES. Marquino haga la experiencia entera
de todo su saber, y sepa cuánto
nos promete de mal la lastimera
suerte, que ha vuelto nuestra risa en llanto.

Vanse todos, y quedan MARANDRO *y* LEONICIO

MARANDRO. Leonicio, ¿qué te parece?
¿Han remedio nuestros males
con estas buenas señales
que aquí el cielo nos ofrece?
¡Tendrá fin mi desventura
cuando se acabe la guerra,
que será cuando la tierra
me sirva de sepultura!

LEONICIO. Marandro, al que es buen soldado
agüeros no le dan pena,
que pone la suerte buena
en el ánimo esforzado,
y esas vanas apariencias
nunca le turban el tino:
su brazo es su estrella o sino;
su valor, sus influencias.

Pero si quieres creer
en este notorio engaño,
aún me quedan, si no me engaño,
experiencias más que hacer,
que Marquino las hará,
las mejores de su ciencia,
y el fin de nuestra dolencia,
si es buena o mala, sabrá.
Paréceme que le veo.

MARANDRO. ¡En qué extraño traje viene!
Quien con feos se entretiene,
no es mucho que venga feo.
¿Será acertado seguirle?

LEONICIO. Acertado me parece,
por si acaso se le ofrece
algo en que poder servirle.

Aquí sale MARQUINO *con una ropa de bocací grande y ancha, y una cabellera negra, y los pies descalzos, y la cinta traerá de modo que se le vean tres redomillas llenas de agua: la una negra, y la otra clara, y la otra teñida con azafrán; y una lanza en la mano, teñida de negro, y en la otra un libro; y ha de venir otro con él, que se llama* MILBIO, *y cuando entran* LEONICIO *y* MARANDRO, *se apartan afuera* MARQUINO *y* MILBIO.

MARQUINO. ¿Dó dices, Milbio, que está el joven triste?

MILBIO. En esta sepultura está encerrado.

MARQUINO. No yerres el lugar do le perdiste.

MILBIO. No; que con esta yedra señalado
dejé el lugar adonde el mozo tierno
fue con lágrimas tiernas enterrado.

MARQUINO. ¿De qué murió?

MILBIO. Murió de mal gobierno;
la flaca hambre le acabó la vida,
peste cruel, salida del infierno.

MARQUINO. ¿Al fin dices que ninguna herida
le cortó el hilo del vital aliento,
ni fue cáncer ni llaga su homicida?
Esto te digo, porque hace al cuento
de mi saber que esté este cuerpo entero,
organizado todo y en su asiento.

MILBIO. Habrá tres horas que le di el postrero
reposo y le entregué a la sepultura,
y de hambre murió, como refiero.

MARQUINO. Está muy bien, y es buena coyuntura
la que me ofrecen los propicios signos
para invocar de la región oscura
los feroces espíritus malignos.

Presta atentos oídos a mis versos,
Fiero Plutón, que en la región oscura
entre ministros de ánimos perversos,
te cupo de reinar suerte y ventura:
haz, aunque sean de tu gusto adversos,
cumplidos mis deseos en la dura
ocasión que te invoco; no te tardes,
ni a ser más oprimido de mí aguardes.
Quiero que al cuerpo que aquí está encerrado
vuelva el alma que le daba vida
aunque el fiero Carón del otro lado
la tenga en la ribera denegrida,
y aunque en las tres gargantas del airado
Cerbero esté penada y escondida.
Salga, y torne a la luz del mundo nuestro,
que luego tornará al oscuro vuestro;
y pues has de salir, salga informada
del fin que ha de tener guerra tan cruda,
y de esto no me encubra y calle nada,
ni me deje confuso y con más duda
la plática de esta alma desdichada;
de toda ambigüedad libre y desnuda
tiene de ser. Envíala; ¿qué esperas?
¿Esperas a que hable con más veras?
¿No desmovéis la piedra, desleales?
Decid ministros falsos, ¿qué os detiene?
¿Cómo no me habéis dado ya señales
de que hacéis lo que digo y me conviene?
¿Buscáis con deteneros vuestros males,
o gustáis de que ya al momento ordene
de poner en efecto los conjuros
que ablanden vuestros fieros pechos duros?
Ea, pues, vil canalla mentirosa;
aparejaos al duro sentimiento,
pues sabéis que mi voz es poderosa
de doblaros la rabia y el tormento.
Dime, traidor esposo de la esposa
que seis meses del año a su sustento
está, sin duda, haciéndote cornudo;
¿por qué a mis peticiones estás mudo?
Este yerro, bañado en agua clara
que el suelo no tocó en el mes de mayo
herirá en esta piedra, y hará clara
y patente la fuerza de este ensayo.

Con el agua clara de la redomilla baña el hierro de la lanza y luego herirá en la tabla, y debajo suenan cohetes y hágase ruido.

Ya parece, canalla, que a la clara
dais muestras de que os toma cruel desmayo.
¿Qué rumores son éstos? ¡Ea, malvados,
que aun sin venir aquí venís forzados!
Levantad esta piedra, fementidos,
y descubrid el cuerpo que aquí yace.
¿Qué es esto? ¿Qué tardáis? ¿A dó sois idos?
¿Cómo mi mando al punto no se hace?
¿No curáis de amenazas, descreídos?
Pues no esperéis que más os amenace;
esta agua negra del estigio lago
dará a vuestra tardanza presto pago.
Agua de la fatal negra laguna,
cogida en triste noche, oscura y negra:
¡por el poder que en ti sola se aúna,
a quien otro poder ninguno quiebra,
a la banda diabólica importuna
y a quien la primer forma de culebra
tomó, conjuro, apremio, pido y mando
que venga a obedecerme aquí volando!

Rocía con agua negra la sepultura, y ábrese

¡Oh mal logrado mozo! Salid fuera;
volved a ver el sol claro y sereno;
dejad aquella región do no se espera
en ella un día sosegado y bueno;
dame, pues puedes, relación entera
de lo que has visto en el profundo seno,
digo de aquello a que mandado eres,
y más si al caso toca y tú pudieres.

Sale el cuerpo amortajado, con un rostro de muerte, y va saliendo poco a poco, y, en saliendo, déjase caer en el tablado

¿Qué es esto? ¿No respondes? ¿No revives?
¿Otra vez has gustado de la muerte?
Pues yo haré que con tu pena avives
y tengas el hablarme a buena suerte.
Pues eres de los míos, no te esquives
de hablarme, responderme; mira, advierte
que, si callas, haré que con tu mengua
sueltes la atada y enojada lengua.

Rocía el cuerpo con el agua amarilla, y luego le azotará

Espíritus malignos, ¿no aprovecha?
Pues esperad: saldrá el agua encantada,
que hará mi voluntad tan satisfecha
cuanto es la vuestra pérfida y dañada;
y aunque esta carne fuera polvos hecha,

siendo con este azote castigada,
cobrará nueva aunque ligera vida,
del áspero rigor suyo oprimida.
Alma rebelde, vuelve al aposento
que pocas horas ha desocupaste.
Ya vuelves, ya lo muestras, ya te siento,
que al fin a tu pesar en él te entraste.

En este punto se estremece el cuerpo, y habla

MUERTO. Cese la furia del rigor violento
tuyo, Marquino; baste, triste, baste
lo que yo paso en la región oscura,
sin que tú crezcas más mi desventuras.
Engañaste si piensas que recibo
contento de volver a esta penosa,
que ya me va faltando presurosa;
antes me causas un dolor esquivo,
pues otra vez la muerte rigurosa
triunfará de mi vida y de mi alma,
mi enemigo tendrá doblada palma,
el cual, con otros del oscuro bando,
de los que son sujetos a agradarte,
están con rabia eterna aquí esperando
a que acabe, Marquino, de informarte
del lamentable fin, del mal infando
que de Numancia puedo asegurarte,
la cual acabará a las mismas manos
de los que son a ella más cercanos.
No llevarán romanos la victoria
de la fuerte Numancia, ni ella menos
tendrá del enemigo triunfo o gloria,
amigos y enemigos siendo buenos;
no entiendas que de paz habrá memoria,
que habrá albergue en sus contrarios senos;
el amigo cuchillo, el homicida
de Numancia será, y será su vida;
y quédate, Marquino, que los hados
no me conceden más hablar contigo,
y aunque mis dichos tengas por trocados,
al fin saldrá verdad lo que te digo.

En diciendo esto, se arroja el cuerpo en la sepultura

MARQUINO. ¡Oh, tristes signos, signos desdichados!
Si esto ha de suceder del pueblo amigo,
primero que mirar tal desventura,
mi vida acabe en esta sepultura.

Arrójase MARQUINO *en la sepultura*

MARANDRO. Mira, Leonicio, si ves
por do yo pueda decir
que no me haya de salir
todo mi gusto al revés.
De toda nuestra ventura
cerrado está ya el camino;
si no, dígalo Marquino
el muerto y la sepultura.

LEONICIO. Que todas son ilusiones,
quimeras y fantasías,
agüeros y hechicerías,
diabólicas invenciones;
no muestres que tienes poca
ciencia en creer desconciertos:
que poco cuidan los muertos
de lo que a los vivos toca.

MARANDRO. Nunca Marquino hiciera
desatino tan extraño,
si nuestro futuro daño
como presente no viera.
Avisemos de este paso
al pueblo, que está mortal.
Mas, para dar nueva tal,
¿quién podrá mover el paso?

JORNADA TERCERA

Salen ESCIPIÓN, *y* JUGURTA, *y* MARIO, *romanos*

ESCIPIÓN. En forma estoy contento en mirar cómo
corresponde a mi gusto la ventura,
y esta libre nación soberbia domo
sin fuerzas, solamente con cordura.
En viendo la ocasión, luego la tomo,
porque sé cuánto corre y se apresura,
y si se pasa en cosas de la guerra,
el crédito consume y vida atierra.
Juzgaba de ésa el loco desvarío
tener los enemigos encerrados,
y que era mengua del romano brío
no vencerlos con modos más usados.
Bien sé que lo habrán dicho; mas yo fío
que los que fueron prácticos soldados
dirán que es de tener en mayor cuenta
la victoria que menos ensangrienta.
¿Qué gloria puede haber más levantada,
en las cosas de guerra que aquí digo,
que, sin quitar de su lugar la espada,
vencer y sujetar al enemigo?
Que cuando la victoria es granjeada
con la sangre vertida del amigo,
el gusto mengua que causar pudiera
la que sin sangre tal ganada fuera.

(Tocan una trompeta del muro de Numancia)

JUGURTA. Oye, señor, que de Numancia suena
el son de una trompeta, y me aseguro
que decirte algo desde allá se ordena,
pues el salir acá lo estorba el muro.
Caravino se ha puesto en una almena,
y una señal ha hecho de seguro;
lleguémonos más cerca.

ESCIPIÓN. Ea, lleguemos.
No más; que desde aquí lo entenderemos.

Pónese CARAVINO *en la muralla, con una bandera o lanza en la mano, y dice:*

CARAVINO. ¡Romanos! ¡Ah, romanos! ¿Puede acaso
ser de vosotros esta voz oída?

MARIO. Puesto que más la bajes y hables paso,
de cualquier tu razón será entendida.

CARAVINO. Decid al general que alargue el paso
al foso, porque viene dirigida
a él una embajada.

ESCIPIÓN. Dila presto,
que yo soy Cipión.

CARAVINO. Escucha el resto.
Dice Numancia, general prudente,
que consideres bien que ha muchos años
que entre la nuestra y tu romana gente
duran los males de la guerra extraños,
y que, por evitar que no se aumente
la dura pestilencia de estos daños,
quiere, si tú quisieres, acaballa
con una breve y singular batalla.
Un soldado se ofrece de los nuestros
a combatir cerrado en estacada
con cualquiera esforzado de los vuestros,
para acabar contienda tan trabada;
y al que los hados fueren tan siniestros,
que allí le dejen sin la vida amada,
si fuere el nuestro, darte hemos la tierra;
si el tuyo fuere, acábese la guerra.
Y por seguridad de este concierto,
daremos a tu gusto las rehenes.
Bien sé que en él vendrás, porque estás cierto
de los soldados que a tu cargo tienes,
y sabes que el menor, a campo abierto,
hará sudar el pecho, rostro y sienes
al más aventajado de Numancia;
así que está segura tu ganancia.
Porque a la ejecución se venga luego,
respóndeme, señor, si estás en ello.

ESCIPIÓN. Donaire es lo que dices, risa y juego,
y loco el que pensase de hacello.
Usad el medio del humilde ruego,
si queréis que se escape vuestro cuello
de probar el rigor y filos diestros
del romano cuchillo y brazos nuestros.
La fiera que en la jaula está encerrada

por su selvatiquez y fuerza dura,
si puede allí con mano ser domada,
y con el tiempo y medios de cordura,
quien la dejase libre y desatada
daría grandes muestras de locura.
Bestias sois, y por tales encerradas
os tengo donde habéis de ser domadas;
mía será Numancia a pesar vuestro,
sin que me cueste un mínimo soldado,
y el que tenéis vosotros por más diestro,
rompa por ese foso trincheado;
y si en esto os parece que yo muestro
un poco mi valor acobardado,
el viento lleve agora esta vergüenza,
y vuélvala la fama cuando venza.

Vanse ESCIPIÓN *y los suyos, y dice* CARAVINO

CARAVINO. ¿No escuchas más, cobarde? ¿Ya te escondes?
¿Enfádate la igual, justa batalla?
Mal con tu nombradía correspondes;
mal podrás de este modo sustentalla;
en fin, como cobarde me respondes.
Cobardes sois, romanos, vil canalla,
en vuestra muchedumbre confiados,
y no en los diestros brazos levantados.
¡Pérfidos, desleales, fementidos,
crueles, revoltosos y tiranos;
cobardes, codiciosos, malnacidos,
pertinaces, feroces y villanos;
adúlteros, infames, conocidos
por de industriosas, mas cobardes manos!
¿Qué gloria alcanzaréis en darnos muerte,
teniéndonos atados de esta suerte?
En formado escuadrón o manga suelta,
en la campaña rasa, do no pueda
estorbar la mortal fiera revuelta
el ancho foso y muro que la veda,
será bien que, sin dar el pie la vuelta,
y sin tener jamás la espada queda,
ese ejército mucho bravo vuestro
se viera con el poco flaco nuestro;
mas como siempre estáis acostumbrados
a vencer con ventajas y con mañas,
estos conciertos, en valor fundados,
no los admiten bien vuestras marañas;
liebres en pieles fieras disfrazados
load y engrandeced vuestras hazañas,

que espero en el gran Júpiter de veros
sujetos a Numancia y a sus fueros.

Vase, y torna a salir fuera con TEÓGENES, *y* CARAVINO, *y* MARANDRO, *y otros*

TEÓGENES. En términos nos tiene nuestra suerte,
dulces amigos, que sería ventura
de acabar nuestros daños con la muerte;
por nuestro mal, por nuestra desventura,
vistes del sacrificio el triste agüero,
y a Marquino tragar la sepultura;
el desafío no ha importado un cero;
¿de intentar qué me queda? No lo siento.
Uno es aceptar el fin postrero.
Esta noche se muestre al ardimiento
del numantino acelerado pecho,
y póngase por obra nuestro intento.
El enemigo muro sea deshecho;
salgamos a morir a la campaña,
y no como cobardes en estrecho.
Bien sé que sólo sirve esta hazaña
de que a nuestro morir se mude el modo,
que con ella la muerte se acompaña.

CARAVINO. Con este parecer yo me acomodo.
Morir quiero rompiendo el fuerte muro
y deshacerlo por mi mano todo;
mas tiéneme una cosa mal seguro:
que si nuestras mujeres saben esto,
de que no haremos nada os aseguro.
Cuando otra vez tuvimos presupuesto
de huirnos y dejarlas, cada uno
fiado en su caballo y vuelo presto,
ellas, que el trato a ellas importuno
supieron, al momento nos robaron
los frenos, sin dejarnos sólo uno.
Entonces el huir nos estorbaron,
y así lo harán ahora fácilmente,
si las lágrimas muestran que mostraron.

MARANDRO. Nuestro designio a todas es patente;
todas lo saben ya y no queda alguna
que no se queje de ello amargamente,
y dicen que, en la buena o ruin fortuna,
quieren en vida o muerte acompañarnos,
aunque su compañía es importuna.

Entran cuatro MUJERES *de Numancia, cada una con un niño en brazos y otros de las manos, y* LIRA, *doncella*

Veislas aquí do vienen a rogaros,
no las dejéis en tantos embarazos;

aunque seáis de acero, han de ablandaros;
los tiernos hijos vuestros en los brazos
las tristes traen; ¿no veis con qué señales
de amor les dan los últimos abrazos?

MUJER 1.ª Dulces señores míos: tras cien males,
hasta aquí de Numancia padecidos,
que son menores los que son mortales,
y en los bienes también que ya son idos,
siempre mostramos ser mujeres vuestras,
y vosotros también nuestros maridos.
¿Por qué en las ocasiones tan siniestras
que el cielo airado agora nos ofrece,
nos dais de aquel amor tan cortas muestras?
Hemos sabido, y claro se parece,
que en las romanas manos arrojaros
queréis, pues su rigor menos empece
que no la hambre de que veis cercaros,
de cuyas flacas manos desabridas
por imposible tengo el escaparos.
Peleando queréis dejar las vidas,
y dejarnos también desamparadas,
a deshonras y a muertes ofrecidas.
Nuestro cuello ofreced a las espadas
vuestras primero, que es mejor partido
que vernos de enemigos deshonradas.
Yo tengo en mi intención instituido
que, si puedo, haré cuanto en mí fuere
por morir do muriere mi marido.
Esto mismo hará la que quisiere
mostrar que no los miedos de la muerte
estorban de querer a quien bien quiere,
en buena o en mala, dulce, alegre suerte.

MUJER 2.ª ¿Qué pensáis, varones claros?
¿Resolvéis aún todavía
en la triste fantasía
de dejarnos y ausentaros?
¿Queréis dejar, por ventura,
a la romana arrogancia
las vírgenes de Numancia
para mayor desventura,
y a los libres hijos vuestros
queréis esclavos dejarlos?
¿No será mejor ahogarlos
con los propios brazos vuestros?
¿Queréis hartar el deseo
de la romana codicia,
y que triunfe su injusticia
de nuestro justo trofeo?

¿Serán por ajenas manos
nuestras casas derribadas?
Y las bodas esperadas,
¿hanlas de gozar romanos?
En salir haréis error
que acarrea cien mil yerros,
porque dejáis sin los perros
el ganado, y sin señor.
Si al foso queréis salir,
llevadnos en tal salida,
porque tendremos por vida
a vuestros lados morir.
No apresuréis el camino
al morir, porque su estambre
cuidado tiene la hambre
de cercenarla contino.

MUJER 3.ª Hijos de estas tristes madres,
¿qué es esto? ¿Cómo no habláis
y con lágrimas rogáis
que no os dejen vuestros padres?
Basta que la hambre insana
os acabe con dolor,
sin esperar el rigor
de la aspereza romana.
Decidles que os engendraron
libres, y libres nacistes,
y que vuestras madres tristes
también libres os criaron.
Decidles que, pues la suerte
nuestra va tan decaída,
que, como os dieron la vida,
asimismo os den la muerte.
¡Oh muros de esta ciudad!
Si podéis hablar, decid
y mil veces repetid:
«¡Numantinos, libertad
los templos, las casas vuestras,
levantadas en concordia!»
Hoy piden misericordia
hijos y mujeres vuestras.
Ablandad, claros varones,
esos pechos diamantinos,
y mostrad cual numantinos
amorosos corazones:
que no por romper el muro
se remedia un mal tamaño;
antes en ello está el daño
más propincuo y más seguro.

LIRA. También las tristes doncellas
ponen en vuestra defensa
el remedio de su ofensa
y el alivio a sus querellas.
No dejéis tan ricos robos
a las codiciosas manos.
Mirád que son los romanos
hambrientos y fieros lobos.
Desesperación notoria
es esta que hacer queréis,
adonde sólo hallaréis
breve muerte y larga gloria.
Mas ya que salga mejor
que yo pienso esta hazaña,
¿qué ciudad hay en España
que quiera daros favor?
Mi pobre ingenio os advierte
que, si hacéis esta salida,
al enemigo dais vida
y a toda Numancia muerte.
De vuestro acuerdo gentil
los romanos burlarán;
pero decidme: ¿qué harán
tres mil con ochenta mil?
Aunque tuviesen abiertos
los muros y su defensa,
seríades con ofensa
mal vengados y bien muertos.
Mejor es que la ventura
o el daño que el Cielo ordena,
o nos salve o nos condena
de la vida o sepultura.

TEÓGENES. Limpiad los ojos húmedos del llanto,
mujeres tiernas, y tené entendido
que vuestra angustia la sentimos tanto,
que responde al amor nuestro subido.
Ora crezca el dolor, ora el quebranto
sea por nuestro bien disminuido,
jamás en muerte o vida os dejaremos;
antes en muerte o vida os serviremos.
Pensábamos salir al foso, ciertos
antes de allí morir que de escaparnos,
pues fuera quedar vivos aunque muertos,
si muriendo pudiéramos vengarnos;
mas pues nuestros designios descubiertos
han sido y es locura aventurarnos,
amados hijos y mujeres nuestras,
nuestras vidas serán de hoy más las vuestras.

Sólo se ha de mirar que el enemigo
no alcance de nosotros triunfo o gloria;
antes ha de servir él de testigo
que apruebe y eternice nuestra historia;
y si todos venís en lo que digo,
mil siglos durará nuestra memoria,
y es que no quede cosa aquí en Numancia
de do el contrario pueda hacer ganancia.
En medio de la plaza se haga un fuego,
en cuya ardiente llama licenciosa
nuestras riquezas todas se echen luego,
desde la pobre a la más rica cosa;
y esto podréis tener a dulce juego
cuando os declare la intención honrosa
que se ha de efectuar después que sea
abrasada cualquier rica presea.
Y para entretener por algún hora
la hambre que ya roe nuestros huesos,
haréis descuartizar luego a la hora
esos tristes romanos que están presos,
y sin del chico al grande hacer mejora,
repártanse entre todos, que con ésos
será nuestra comida celebrada
por España, cruel, necesitada.

CARAVINO. Amigos, ¿qué os parece? ¿Estáis en esto?
Digo que a mí me tiene satisfecho
y que a la ejecución se venga presto
de un tan extraño y tan honroso hecho.

TEÓGENES. Pues yo de mi intención os diré el resto:
después que sea lo que digo hecho,
vamos a ser ministros todos luego
de encender el ardiente y rico fuego.

MUJER 1.ª Nosotras desde aquí ya comenzamos
a dar con voluntad nuestros arreos,
y a las vuestras las vidas entregamos,
como se han entregado los deseos.

LIRA. Pues caminemos presto; vamos, vamos,
y abrásense en un punto los trofeos
que pudieran hacer ricas las manos
y aun hartar la codicia de romanos.

Vanse todos, y, al irse, MARANDRO *ase a* LIRA *de la mano y ella se detiene, y entra* LEONICIO *y apártase a un lado y no le ven, y dice* MARANDRO:

MARANDRO. No vayas tan de corrida,
Lira; déjame gozar
del bien que me puede dar
en la muerte alegre vida.

Deja que miren mis ojos
un rato tu hermosura,
pues tanto mi desventura
se entretiene en mis enojos.
¡Oh dulce Lira, que suenas
continuo en mi fantasía
con tan suave agonía,
que vuelve en gloria mis penas!
¿Qué tienes? ¿Qué estás pensando,
gloria de mi pensamiento?

LIRA. Pienso cómo mi contento
y el tuyo se va acabando;
y no será su homicida
el cerco de nuestra tierra:
que primero que la guerra
se me acabará mi vida.

MARANDRO. ¿Qué dices, bien de mi alma?

LIRA. Que me tiene tal la hambre,
que de mi vital estambre
llevará presto la palma.
¿Qué tálamo has de esperar
de quien está en tal extremo,
que te aseguro que temo
antes de un hora expirar?
Mi hermano ayer expiró,
de la hambre fatigado;
mi madre ya ha acabado,
que la hambre la acabó;
y si la hambre y su fuerza
no hay remedio ni salud,
es porque la juventud
contra su rigor me esfuerza;
pero como ha tantos días
que no le hago defensa,
no pueden contra su ofensa
las débiles fuerzas mías.

MARANDRO. Enjuga, Lira, los ojos;
deja que los tristes míos
se vuelvan corrientes ríos,
nacidos de tus enojos;
y aunque la hambre ofendida
te tenga tan sin compás,
de hambre no morirás
mientras yo tuviere vida.
Yo me ofrezco de saltar
el foso y el muro fuerte,
y entrar por la misma muerte
para la tuya excusar.

El pan que el romano toca,
sin que el temor me destruya,
le quitaré de la suya
para ponerlo en tu boca;
con mi brazo haré carrera
a tu vida y a mi muerte,
porque más me mata el verte,
señora, de esa manera.
Yo te traeré de comer
a pesar de los romanos,
si ya son éstas mis manos
las mismas que solían ser.

LIRA. Hablas como enamorado,
Marandro; pero no es justo
que tome gusto del gusto
por tu peligro comprado.
Poco podrá sustentarme
cualquier robo que harás,
aunque más cierto hallarás
el perderme que el ganarme.
Goza de tu mocedad,
en sanidad ya crecida:
que más importa tu vida
que la mía en la ciudad.
Tú podrás bien defendella
de la enemiga asechanza,
que no la flaca pujanza
de esta tan triste doncella;
así que, mi dulce amor,
despide ese pensamiento,
que yo no quiero sustento
ganado con tu sudor;
que aunque puedas alargar
mi muerte por algún día,
esta hambre que porfía
al fin nos ha de acabar.

MARANDRO. ¡En vano trabajas, Lira,
de impedirme este camino,
do mi voluntad y sino
allá me convida y tira!
Tú rogarás entretanto
a los dioses que me vuelvan
con despojos que resuelvan
tu miseria y mi quebranto.

LIRA. Marandro, mi dulce amigo,
¡ay!, no vais, que se me antoja
que de tu sangre veo roja
la espada del enemigo.

No hagas esta jornada,
Marandro, bien de mi vida,
que, si es mala la salida,
muy peor será la entrada.
Sí, quiero aplacar tu brío;
por testigo pongo al Cielo
que de tu daño recelo,
y no del provecho mío.
Mas si acaso, amado amigo,
prosigues esta contienda,
lleva este abrazo por prenda
de que me llevas contigo

MARANDRO. Lira, el Cielo te acompañe.
Vete, que a Leonicio veo.

LIRA. Y a ti cumpla tu deseo
y en ninguna cosa dañe.

Vase LIRA, *y dice* LEONICIO:

LEONICIO. Terrible ofrecimiento es el que has hecho,
y en él, Marandro, se nos muestra claro
que no hay cobarde enamorado pecho,
aunque de tu virtud y valor raro
debe más esperarse; mas yo temo
que el hado infeliz se muestra avaro.
He estado atento al miserable extremo
que te ha dicho Lira en que se halla,
indigno cierto, a su valor supremo,
y que tú has prometido de libralla
de este presente daño, y arrojarte
en las armas romanas a batalla.
Yo quiero, buen amigo, acompañarte
y en empresa tan justa y tan forzosa
con mis pequeñas fuerzas ayudarte.

MARANDRO. ¡Oh amistad de mi alma venturosa!
¡Oh amistad no en trabajos dividida,
ni en la ocasión más próspera y dichosa!
Goza, Leonicio, de la dulce vida;
quédate en la ciudad, que yo no quiero
ser de tus verdes años homicida;
yo solo tengo de ir; yo solo espero
volver con los despojos merecidos
a mi inviolable fe y amor sincero.

LEONICIO. Pues ya tienes, Marandro, conocidos
mis deseos que, en buena o mala suerte,
al sabor de los tuyos van medidos,
sabrás que no los miedos de la muerte
de ti me apartarán un solo punto,
ni otra cosa, si la hay, que sea más fuerte.

¡Contigo tengo de ir; contigo junto
he de volver, si ya el Cielo no ordena
que quede en tu defensa allá difunto!

MARANDRO. Quédate, amigo; queda enhorabuena,
porque si yo acabare aquí la vida,
en esta empresa de peligros llena,
que puedas a mi madre dolorida
consolarla en el trance riguroso
y a la esposa de mí tanto querida.

LEONICIO. Cierto que estás, amigo, muy donoso
en pensar que en tu muerte quedaría
yo con tal quietud y tal reposo,
que de consuelo alguno serviría
a la doliente madre y triste esposa.
Pues en la tuya está la muerte mía,
segura tengo la ocasión dudosa;
mira cómo ha de ser, Marandro amigo,
y en el quedarme no me hables cosa.

MARANDRO. Pues no puedo estorbarte el ir conmigo,
en el silencio de esta noche oscura
tenemos de saltar al enemigo.
Lleva ligeras armas, que ventura
es la que ha de ayudar al alto intento,
que no la malla entretejida y dura.
Lleva asimismo puesto el pensamiento
en robar y traer a buen recado
lo que pudieres más de bastimento.

LEONICIO. Vamos, que no saldré de tu mandado.

Vanse, y salen dos NUMANTINOS

NUMANT. 1.° ¡Derrama, dulce hermano, por los ojos
el alma en llanto amargo convertida!
¡Venga la muerte, y lleve los despojos
de nuestra miserable y triste vida!

NUMANT. 2.° Bien poco durarán estos enojos:
que ya la muerte viene apercibida
para llevar en presto y breve vuelo
a cuantos pisan de Numancia el suelo.
Principios veo que prometen presto
amargo fin a nuestra dulce tierra,
sin que tengan cuidado de hacer esto
los contrarios ministros de la guerra.
Nosotros mismos, a quien ya es molesto
y enfadoso el vivir que nos aterra,
hemos dado sentencia irrevocable
de nuestra muerte, aunque cruel, loable.
En la plaza mayor ya levantada
queda un ardiente y codiciosa hoguera,

que, de nuestras riquezas ministrada,
sus llamas suben a la cuarta esfera.
Allí, con triste prisa acelerada
y con mortal y tímida carrera,
acuden todos, como santa ofrenda,
a sustentar las llamas con su hacienda.
Allí las perlas del rosado Oriente,
y el oro en mil vasijas fabricado,
y el diamante y rubí más excelente,
y la estimada púrpura y brocado
en medio del rigor fogoso ardiente
de la encendida llama se ha arrojado;
despojos do pudieran los romanos
henchir los senos y ocupar las manos.

(Aquí salen con cargas de ropa por una parte, y éntranse por otra)

Vuelve al triste espectáculo la vista;
verás con cuánta prisa y cuánta gana
toda Numancia en numerosa lista
aguija a sustentar la llama insana;
y no con verde leño o seca arista,
no con materia al consumir liviana,
sino con sus haciendas mal gozadas,
pues se guardaron para ser quemadas.

NUMANT. 1.º Si con esto acabara nuestro daño,
pudiéramos llevarlo con paciencia;
mas, ¡ay!, que se ha de dar, si no me engaño,
de que muramos todos cruel sentencia.
¡Primero que el rigor bárbaro extraño
muestre en nuestras gargantas su inclemencia,
verdugos de nosotros nuestras manos
serán, y no los pérfidos romanos!
Han ordenado que no quede alguna
mujer, niño ni viejo con la vida,
pues al fin la cruel hambre importuna
con más fiero rigor es su homicida.
Mas ves allí a do asoma, hermano, una
que, como sabes, fue de mí querida
un tiempo con extremos tal de amores
cual es el que ella tiene de dolores.

Sale una mujer con una criatura en los brazos y otra de la mano, y ropa para echar en el fuego

MADRE. ¡Oh duro vivir molesto!
¡Terrible y triste agonía!

HIJO. Madre, ¿por ventura habría
quien nos diese pan por esto?
MADRE. ¿Pan, hijo? ¡Ni aun otra cosa
que asemeje de comer!
HIJO. ¿Pues tengo de fenecer
de dura hambre rabiosa?
¡Con poco pan que me deis,
madre, no os pediré más!
MADRE. ¡Hijo, qué pena me das!
HIJO. ¿Por qué, madre, no queréis?
MADRE. Sí quiero; mas ¿qué haré,
que no sé dónde buscarlo?
HIJO. Bien podréis, madre, comprarlo:
si no, yo lo compraré.
Mas, por quitarme de afán,
si alguno conmigo topa,
le daré toda esta ropa
por un pedazo de pan.
MADRE. ¿Qué mamas, triste criatura?
¿No sientes que a mi despecho,
sacas ya del flaco pecho
por leche, la sangre pura?
Lleva la carne a pedazos
y procura de hartarte,
que no pueden ya llevarte
mis flacos cansados brazos.
Hijos, mi dulce alegría,
¿con qué os podré sustentar,
si apenas tengo que os dar
de la propia sangre mía?
¡Oh, hambre terrible y fuerte,
cómo me acabas la vida!
¿Oh guerra, sólo venida
para causarme la muerte!
HIJO. ¡Madre mía, que me fino!
Aguijemos. ¿A dó vamos,
que parece que alargamos
la hambre con el camino?
MADRE. Hijo, cerca está la plaza
adonde echaremos luego
en mitad del vivo fuego
el peso que te embaraza.

Vase la mujer y el niño, y quedan los dos

NUMANT. 2.° Apenas puede ya mover el paso
la sin ventura madre desdichada,

que, en tan extraño y lamentable caso,
se ve de dos hijuelos rodeada.

NUMANT. 1.º Todos, al fin, al doloroso paso
vendremos de la muerte arrebatada.
Mas moved, vos, hermano, ahora el vuestro,
a ver qué ordena el gran Senado nuestro.

JORNADA CUARTA

Tocan al arma con gran prisa, y a este rumor sale ESCIPIÓN, *y* JUGURTA, *y* MARIO, *alborotados*

ESCIPIÓN. ¿Qué es esto, capitanes? ¿Quién nos toca
al arma en tal sazón? ¿Es, por ventura,
alguna gente desmandada y loca
que viene a demandar su sepultura?
Mas no sea algún motín el que provoca
tocar al arma en recia coyuntura:
que tan seguro estoy del enemigo,
que tengo más temor al que es amigo.

Sale QUINTO FABIO *con la espada desnuda y dice:*

QUINTO. Sosiega el pecho, general prudente,
que ya de esta arma la ocasión se sabe,
puesto que ha sido a costa de tu gente,
de aquel en quien más brío y fuerza cabe.
Dos numantinos, con soberbia frente,
cuyo valor será razón se alabe,
saltando el ancho foso y la muralla,
han movido a tu campo cruel batalla.
A las primeras guardas embistieron,
y en medio de mil lanzas se arrojaron,
y con tal furia y rabia arremetieron,
que libre paso al campo les dejaron.
Las tiendas de Fabricio acometieron,
y allí su fuerza y su valor mostraron
de modo que en un punto seis soldados
fueron de agudas puntas traspasados.
No con tanta presteza el rayo ardiente
pasa rompiendo el aire en presto vuelo,
ni tanto la cometa reluciente
se muestra y apresura por el cielo,
como estos dos por medio de tu gente
pasaron, colorando el duro suelo

con la sangre romana que sacaban
sus espadas doquiera que llegaban.
Queda Fabricio traspasado el pecho;
abierta la cabeza tiene Eracio;
Olmida ya perdió el brazo derecho,
y de vivir le queda poco espacio.
Fuele asimismo poco de provecho
la ligereza al valeroso Estacio,
pues el correr al numantino fuerte
fue abreviar el camino de la muerte.
Con presta diligencia discurriendo
iban de tienda en tienda, hasta que hallaron
un poco de bizcocho, el cual cogiendo,
el paso, y no el furor, atrás tornaron.
El uno de ellos se escapó huyendo;
al otro mil espadas le acabaron;
por donde infiero que la hambre ha sido
quien les dio atrevimiento tan subido.

ESCIPIÓN. Si estando deshambridos y encerrados
muestran tan demasiado atrevimiento,
¿qué hicieran siendo libres y enterados
en sus fuerzas primeras y ardimientos?
¡Indómitos! ¡Al fin seréis domados,
porque contra el furor vuestro violento
se tiene de poner la industria nuestra,
que de domar soberbios es maestra!

Vanse todos, y sale MARANDRO, *herido y lleno de sangre, con una cesta de pan*

MARANDRO. ¿No vienes, Leonicio? Di:
¿qué es esto, mi dulce amigo?
Si tú no vienes conmigo,
¿cómo vengo yo sin ti?
Amigo que te has quedado,
amigo que te quedaste:
no eres tú el que me dejaste,
sino yo el que te he dejado.
¿Que es posible que ya dan
tus carnes despedazadas
señales averiguadas
de lo que cuesta este pan,
y es posible que la herida
que a ti te dejó difunto,
en aquel instante y punto
no me acabó a mí la vida?
No quiso el hado cruel
acabarme en paso tal,

por hacerme a mí más mal
y hacerte a ti más fiel.
Tú al fin llevarás la palma
de más verdadero amigo;
yo a disculparme contigo
enviaré presto el alma,
y tan presto, que el afán
a morir me lleva y tira
en dando a mi dulce Lira
este tan amargo pan.
Pan ganado de enemigos;
pero no ha sido ganado,
sino con sangre comprado
de dos sin ventura amigos.

Sale LIRA *con alguna ropa para echarla en el fuego, y dice:*

LIRA. ¿Qué es esto que ven mis ojos?
MARANDRO. Lo que presto no verán,
según la prisa se dan
de acabarme mis enojos.
Ves aquí, Lira, cumplida
mis palabras y porfías
de que tú no morirías
mientras yo tuviese vida.
Y aun podré mejor decir
que presto vendrás a ver
que a ti te sobra el comer
y a mí me falta el vivir.
LIRA. ¿Qué dices, Marandro amado?
MARANDRO. Lira, que acates la hambre
entretanto que la estambre
de mi vida corta el hado;
pero mi sangre vertida
y con este pan mezclada,
te ha de dar, mi dulce amada,
triste y amarga comida.
Ves aquí el pan que guardaban
ochenta mil enemigos,
que cuesta de dos amigos
las vidas que más amaban.
Y por que lo entiendas cierto
y cuánto tu amor merezco,
ya yo, señora, perezco,
y Leonicio está ya muerto.
Mi voluntad sana y justa
recíbela con amor,
que es la comida mejor
y de que el alma más gusta.

Y pues en tormenta y calma
siempre has sido mi señora,
¡recibe este cuerpo ahora
como recibiste el alma!

(Cáese muerto, y recógele en las faldas o regazo LIRA)

LIRA. ¡Marandro, dulce bien mío!
¿Qué sentís, o qué tenéis?
¿Cómo tan presto perdéis
vuestro acostumbrado brío?
Mas, ¡ay, triste, sin ventura,
que ya está muerto mi esposo!
¡Oh caso el más lastimoso
que se dio en la desventura!
¿Qué os hizo, dulce amado,
con valor tan excelente,
enamorado y valiente,
y soldado desdichado?
Hicistes una salida,
esposo mío, de suerte
que, por excusar mi muerte,
me habéis quitado la vida.
¡Oh pan de la sangre lleno
que por mí se derramó!
¡No te tengo en cuenta, no,
de pan, sino de veneno!
¡No te llegaré a mi boca
por poderme sustentar,
si no es para besar
esta sangre que te toca!

Entra un MUCHACHO, *hermano de* LIRA, *hablando desmayadamente*

MUCHACHO. Lira hermana, ya expiró
mi madre, y mi padre está
en términos, que ya ya
morirá, que muero yo:
la hambre le ha acabado.
Hermana mía, ¿pan tienes?
¡Oh pan, y cuán tarde vienes,
que no hay ya pasar bocado!
Tiene la hambre apretada
mi garganta en tal manera,
que, aunque este pan agua fuera,
no pudiera pasar nada.
Tómalo, hermana querida,
que, por más crecer mi afán,

veo que me sobra el pan
cuando me falta la vida. *(Cáese muerto.)*

LIRA. ¿Expiraste, hermano amado?
¡Ni aliento ni vida tiene!
Bueno es el mal cuando viene
sin venir acompañado.
Fortuna, ¿por qué me aquejas
con un daño y otro junto,
y por qué en un solo punto
huérfana y viuda me dejas?
¡Oh duro escuadrón romano!
¡Cómo me tiene tu espada
de dos muertos rodeada:
uno esposo y otro hermano!
¿A cuál volveré la cara
en este trance importuno,
si en la vida cada uno
fue prenda del alma cara?
Dulce esposo, hermano tierno,
yo os igualaré en quereros,
porque pienso presto veros
en el cielo o el infierno.
En el modo de morir
a entrambos he de imitar,
porque el hierro ha de acabar
y la hambre mi vivir.
Primero daré a mi pecho
una daga que este pan:
que a quien vive con afán
es la muerte de provecho.
¿Qué aguardo? ¡Cobarde estoy!
Brazo, ¿ya os habéis turbado?
¡Dulce esposo, hermano amado,
esperadme, que ya voy!

Sale una MUJER *huyendo, y tras ella un* SOLDADO *numantino con una daga para matarla*

MUJER. ¡Eterno padre. Júpiter piadoso,
favorecedme en tan adversa suerte!

SOLDADO. ¡Aunque más lleves vuelo presuroso,
mi dura mano te dará la muerte!
(Éntrase la MUJER.*)*

LIRA. El hierro duro, el brazo belicoso
contra mí, buen soldado, le convierte;
deja vivir a quien la vida agrada,
y quítame la mía, que me enfada.

SOLDADO. Puesto que es decreto del Senado
que ninguna mujer quede con vida,

¿cuál será el brazo o pecho celerado
que en ese hermoso vuestro dé herida?
Yo, señora, no soy tan mal mirado
que me precie de ser vuestro homicida:
otra mano, otro hierro ha de acabaros;
que yo sólo nací para adoraros.

LIRA. Esa piedad que quies usar conmigo,
valeroso soldado, yo te juro,
y al alto Cielo pongo por testigo,
que yo la estimo por rigor muy duro.
Tuviérate yo entonces por amigo,
cuando, con pecho y ánimo seguro,
este mío afligido traspasaras
y de la amarga vida me privaras.
Pero, pues quies mostrarte piadoso,
tan en daño, señor, de mi contento,
muéstralo agora en que a mi triste esposo
demos el funeral y último asiento.
También a este mi hermano, que en reposo
yace, ya libre del vital aliento.
Mi esposo feneció por darme vida;
de mi hermano, la hambre fue homicida.

SOLDADO. Hacer yo lo que mandas está llano
con condición que en el camino cuentes
quién a tu buen esposo y caro hermano
trajo a los postrimeros accidentes.

LIRA. Amigo, ya el hablar no está en mi mano.

SOLDADO. ¿Que tan al cabo estás? ¿Que tal te sientes?
Lleva a tu hermano, que es de menos carga;
yo a tu esposo, que es más peso y carga.

Llevan los cuerpos, y sale una mujer armada con una lanza en la mano y un escudo, que significa la GUERRA, *y trae consigo la* ENFERMEDAD *y la* HAMBRE: *la* ENFERMEDAD *arrimada a una muleta y rodeada de paños la cabeza, con una máscara amarilla; y la* HAMBRE *saldrá con un desnudillo de muerte, y encima una ropa de bocací amarilla, y una máscara descolorida.*

GUERRA. Hambre, Enfermedad, ejecutores
de mis terribles mandos y severos,
de vidas y salud consumidores,
con quien no vale ruego, mando o fueros;
pues ya de mi intención sois sabedores,
no hay para qué de nuevo encareceros
de cuánto gusto me será y contento
que luego luego hagáis mi mandamiento.
La fuerza incontrastable de los hados,
cuyos efectos nunca salen vanos.

me fuerza a que de mí sean ayudados
estos sagaces mílites romanos.
Ellos serán un tiempo levantados,
y abatidos también estos hispanos;
pero tiempo vendrá en que yo me mude,
y dañe al alto y al pequeño ayude;
que yo, que soy la poderosa Guerra,
de tantas madres detestada en vano,
aunque quien me maldice a veces yerra,
pues no sabe el valor de esta mi mano,
sé bien que en todo el orbe de la tierra
seré llevada del valor hispano
en la dulce ocasión que estén reinando
un Carlos, y un Felipe, y un Fernando.

ENFERMEDAD. Si ya la Hambre, nuestra amiga querida,
no hubiera tomado con instancia
a su cargo de ser fiera homicida
de todos cuantos viven en Numancia,
fuera de mí tu voluntad cumplida
de modo que se viera la ganancia
fácil y rica que el romano hubiera,
harto mejor de aquella que se espera.
Mas ella, en cuanto su poder alcanza,
ya tiene tal al pueblo numantino,
que de esperar alguna buena andanza,
le ha tomado las sendas y el camino;
mas del furor la rigurosa lanza,
la influencia del contrario sino,
le trata con tan áspera violencia,
que no es menester hambre ni dolencia.
El furor y la rabia, tus secuaces,
han tomado en su pecho tal asiento,
que, cual si fuese de romanas haces,
cada cual de su sangre está sediento.
Muertos, incendios, iras, son sus paces;
en el morir han puesto su contento,
y por quitar el triunfo a los romanos,
ellos mismos se matan con sus manos.

HAMBRE. Volved los ojos, y veréis ardiendo
de la ciudad los encumbrados techos.
Escuchad los suspiros que saliendo
van de mil tristes, lastimados pechos.
Oíd la voz y lamentable estruendo
de bellas damas a quien, ya deshechos
los tiernos miembros de ceniza y fuego,
no valen padre, amigo, amor ni ruego.
Cual suelen las ovejas descuidadas,
siendo del fiero lobo acometidas,

andar aquí y allí descarriadas,
con temor de perder las simples vidas,
tal niños y mujeres desdichadas,
viendo ya las espadas homicidas,
andan de calle en calle, ¡oh hado insano!,
su cierta muerte dilatando en vano.
Al pecho de la amada y nueva esposa
traspasa del esposo el hierro agudo.
Contra la madre, ¡nunca vista cosa!,
se muestra el hijo de piedad desnudo;
y contra el hijo, el padre, con rabiosa
clemencia levantado el brazo crudo,
rompe aquellas entrañas que ha engendrado,
quedando satisfecho y lastimado.
No hay plaza, no hay rincón, no hay calle o casa
que de sangre y de muertos no esté llena;
el hierro mata, el duro fuego abrasa
y el rigor ferocísimo condena.
Presto veréis que por el suelo tasa
hasta la más subida y alta almena,
y las casas y templos más preciados
en polvo y en cenizas son tornados.
Venid; veréis que en los amados cuellos
de tiernos hijos y mujer querida,
Teógenes afila agora y prueba en ellos
de su espada el cruel corte homicida,
y cómo ya, después de muertos ellos,
estima en poco la cansada vida,
buscando de morir un modo extraño,
que causó en el suyo más de un daño.

GUERRA. Vamos, pues, y ninguno se descuide
de ejecutar por eso aquí su fuerza,
y a lo que digo sólo atienda y cuide,
sin que de mi intención un punto tuerza.

Vanse, y sale TEÓGENES *con dos hijos pequeños y una hija, y su mujer*

TEÓGENES. Cuando el paterno amor no me detiene
de ejecutar la furia de mi intento,
considerad, mis hijos, cuál me tiene
el celo de mi honroso pensamiento.
Terrible es el dolor que se previene
con acabar la vida en fin violento
y más el mío, pues al hado plugo
que yo sea de vosotros cruel verdugo.
No quedaréis, ¡oh hijos de mi alma!,
esclavos, ni el romano poderío
llevará de vosotros triunfo o palma,

por más que a sujetarnos alce el brío;
el camino más llano que la palma,
de nuestra libertad el Cielo pío
nos ofrece y nos muestra y nos advierte
que sólo está en las manos de la muerte.
Ni vos, dulce consorte, amada mía,
os veréis en peligro que romanos
pongan en vuestro pecho y gallardía
los vanos ojos y las fieras manos.
Mi espada os sacará de esta agonía,
y hará que sus intentos salgan vanos,
pues por más que codicia les atiza,
triunfarán de Numancia hecha ceniza.
Yo soy, consorte amada, el que primero
di el parecer que todos perezcamos
antes que al insufrible desafuero
del romano poder sujetos seamos;
y en el morir no pienso ser postrero,
ni lo serán mis hijos.

MUJER. ¿No podamos
escaparnos, señor, por otra vía?
¡El Cielo sabe si me holgaría!
Mas pues no puede ser, según yo veo,
y está ya mi muerte tan cercana,
lleva de nuestras vidas tú el trofeo,
y no la espada pérfida romana.
Mas, ya que he de morir, morir deseo
en el sagrado templo de Diana.
Allá nos lleva, buen señor, y luego
entréganos al hierro, al rayo, al fuego.

TEÓGENES. Así se haga, y no nos detengamos,
que ya a morir me incita el triste hado.

HIJO. Madre, ¿por qué lloráis, adónde vamos?
Teneos, que andar no puedo de cansado.
Mejor será, mi madre, que comamos,
que la hambre me tiene fatigado.

MUJER. Ven en mis brazos, hijo de mi vida,
do te daré la muerte por comida.

Vanse, y salen dos MUCHACHOS *huyendo, y el uno de ellos es el que se arrojará de la torre*

MUCHACHO. ¿Dónde quieres que huyamos,
Servio?

SERVIO. Yo, por do quisieres.

MUCHACHO. Camina; ¡qué flaco eres!
Tú ordenas que aquí muramos.
¿No ves, triste, que nos siguen
dos mil hierros por matarnos?

SERVIO. Imposible es escaparnos
de aquellos que nos persiguen.
Mas di: ¿qué piensas hacer,
o qué medio hay que nos cuadre?

MUCHACHO. A una torre de mi padre
me pienso de ir a esconder.

SERVIO. Amigo, bien puedes irte;
que yo estoy tan flaco y laso
de hambre, que un solo paso
no puedo dar, ni seguirte.

MUCHACHO. ¿No quieres venir?

SERVIO. No puedo.

MUCHACHO. Si no puedes caminar,
ahí te habrá de acabar
la hambre, la espada o miedo.
Yo voime, porque ya temo
lo que el vivir desbarata:
o que la espada me mata,
o que en el fuego me quemo.

Vase el MUCHACHO *a la torre, y queda* SERVIO, *y sale* TEÓGENES *con dos espadas desnudas y ensangrentadas las manos, y como* SERVIO *le ve, huye y éntrase, y dice* TEÓGENES:

TEÓGENES. Sangre de mis entrañas derramada,
pues sois aquélla de los hijos míos;
mano contra ti misma celerada,
llena de honrosos y crueles bríos;
fortuna, en daño mío conjurada;
cielos, de justa piedad vacíos:
ofrecedme en tan dura, amarga suerte,
alguna honrosa, aunque cercana muerte.
Valientes numantinos, haced cuenta
que yo soy algún pérfido romano,
y vengad en mi pecho vuestra afrenta,
ensangrentando en él espada y mano.
Una de estas espadas os presenta
mi airada furia y mi dolor insano:
que, muriendo en batalla, no se siente
tanto el rigor del último accidente.
El que privare del vital sosiego
al otro, por señal de beneficio,
entregue el desdichado cuerpo al fuego,
que éste será bien piadoso oficio.
Venid; ¿qué os detenéis? Acudid luego;
haced ya de mi vida sacrificio,
y esta terneza que tenéis de amigos,
volved en rabia y furia de enemigos.

Sale un NUMANTINO *y dice:*

NUMANTINO. ¿A quién, fuerte Teógenes, agora invocas?
¿Qué nuevo modo de morir procuras?
¿Para qué nos incitas y provocas
a tantas desiguales desventuras?

TEÓGENES. Valiente numantino, si no apocas
con el miedo tus bravas fuerzas duras,
toma esta espada y mátate conmigo,
así como si fuese tu enemigo:
que esta manera de morir me place
en este trance más que en otra alguna.

NUMANTINO. También a mí me agrada y satisface,
pues que lo quiere así nuestra fortuna;
mas vamos a la plaza adonde yace
la hoguera a nuestras vidas importuna,
porque el que allí venciere pueda luego
entregar al vencido al duro fuego.

TEÓGENES. Bien dices; y camina, que se tarda
el tiempo de morir como deseo.
¡Ora me mate el hierro, el fuego me arda,
que gloria y honra en cualquier muerte veo!

Vanse, y sale ESCIPIÓN, *y* JUGURTA, *y* QUINTO FABIO, *y* MARIO, *y* ERMILIO, *y* LIMPIO, *y otros soldados romanos*

ESCIPIÓN. Si no me engaña el pensamiento mío,
o salen mentirosas las señales
que habéis visto en Numancia del estruendo
y lamentable son y ardiente llama,
sin duda alguna que recelo y temo
que el bárbaro furor del enemigo
contra su propio pecho no se vuelva.
Ya no parece gente en la muralla,
ni suenan las usadas centinelas.
Todo está en calma y en silencio puesto,
como si en paz tranquila y sosegada
estuviesen los fieros numantinos.

MARIO. Presto podrás salir de aquesta duda,
porque, si tú lo quieres, yo me ofrezco
de subir sobre el muro, aunque me ponga
al riguroso trance que se ofrece,
sólo por ver aquello que en Numancia
hacen nuestros soberbios enemigos.

ESCIPIÓN. Arrima, pues, ¡oh Mario!, alguna escala
a la muralla, y haz lo que prometes.

MARIO. Id por la escala luego, y vos, Ermilio,
haced que mi rodela se me traiga
y la celada blanca de las plumas:
que a fe que tengo de perder la vida,
o sacar de esta duda al campo todo.

ERMILIO. Ves aquí la rodela y la celada;
la escala vesla allí: la trajo Limpio.

MARIO. Encomiéndame a Júpiter inmenso,
que yo voy a cumplir lo prometido.

JUGURTA. Alza más alta la rodela, Mario.
Encoge el cuerpo y cubre la cabeza.
¡Ánimo, que ya llegas a lo alto!
¿Qué ves?

MARIO. ¡Oh santos dioses!, ¿y qué es esto?

JUGURTA. ¿De qué te admiras?

MARIO. De mirar de sangre
un rojo lago, y de ver mil cuerpos
tendidos por las calles de Numancia,
de mil agudas puntas traspasados.

ESCIPIÓN. ¿Que no hay ninguno vivo?

MARIO. ¡Ni por pienso!
A lo menos, ninguno se me ofrece
en todo cuanto alcanzo con la vista.

ESCIPIÓN. Salta, pues, dentro, y mira, por tu vida.
Síguele tú también, Jugurta amigo.

(Salta MARIO *en la ciudad.)*

Mas sigámosle todos.

JUGURTA. No conviene
al oficio que tienes esta empresa.
Sosiega el pecho, general, y espera
que Mario vuelva, o yo, con la respuesta
de lo que pasa en la ciudad soberbia.
Tened bien esa escala. ¡Oh cielos justos!
¡Oh cuán triste espectáculo y horrendo
se me ofrece a la vista! ¡Oh caso extraño!
Caliente sangre baña todo el suelo;
cuerpos muertos ocupan plaza y calles.
Dentro quiero saltar y verlo todo.

(Salta JUGURTA *en la ciudad.)*

QUINTO. Sin duda que los fieros numantinos,
del bárbaro furor suyo incitados,
viéndose sin remedio de salvarse,
antes quisieron entregar las vidas
al filo agudo de sus propios hierros
que no a las vencedoras manos nuestras,
aborrecidas de ellos lo posible.

ESCIPIÓN Con uno solo que quedase vivo
no se me negaría el triunfo en Roma
de haber domado esta nación soberbia,
enemiga mortal de nuestro nombre,
constante en su opinión, presta, arrojada
al peligro mayor y duro trance;

de quien jamás se alabará romano
que vio la espalda vuelta a numantino,
cuyo valor, cuya destreza en armas
me forzó con razón a usar el medio
de encerrarlos cual fieras indomables
y triunfar de ellos con industria y maña,
pues era con las fuerzas imposible.
Pero ya me parece vuelve Mario.

Torna a salir MARIO *por la muralla, y dice:*

MARIO. En balde, ilustre general prudente,
han sido nuestras fuerzas ocupadas.
En balde te has mostrado diligente,
pues en humo y en viento son tornadas
las ciertas esperanzas de victoria,
de tu industria continuo aseguradas.
El lamentable fin, la triste historia
de la ciudad invicta de Numancia
merece ser eterna la memoria;
sacado han de su pérdida ganancia;
quitado te han el triunfo de las manos,
muriendo con magnánima constancia;
nuestros designios han salido vanos,
pues ha podido más su honroso intento
que toda la potencia de romanos.
El fatigado pueblo en fin violento
acaba la miseria de su vida,
dando triste remate al largo cuento.
Numancia está en un lago convertida
de roja sangre, y de mil cuerpos llena,
de quien fue su rigor propio homicida.
De la pesada y sin igual cadena
dura de esclavitud se han escapado
con presta audacia, de temor ajena.
En medio de la plaza levantado
está un ardiente fuego temeroso,
de sus cuerpos y haciendas sustentado;
a tiempo llegué a verlo que el furioso
Teógenes, valiente numantino,
de fenecer su vida deseoso,
maldiciendo su corto amargo sino,
en medio se arrojaba de la llama,
lleno de temerario desatino,
y al arrojarse dijo: «Clara fama,
ocupa aquí tus lenguas y tus ojos
en esta hazaña, que a contar te llama.
¡Venid, romanos, ya por los despojos
de esta ciudad, en polvo y humo vueltos,

y sus flores y frutos en abrojos!»
De allí, con pies y pensamientos sueltos,
gran parte de la tierra he rodeado,
por las calles y pasos más revueltos,
y un solo numantino no he hallado
que poderte traer vivo siquiera,
para que fueras de él bien informado
por qué ocasión, de qué suerte o manera
cometieron tan grande desvarío,
apresurando la mortal carrera.

ESCIPIÓN. ¿Estaba, por ventura, el pecho mío
de bárbara arrogancia y muertes lleno,
y de piedad justísima vacío?
¿Es de mi condición, por dicha, ajeno
usar benignidad con el rendido,
como conviene al vencedor que es bueno?
¡Mal, por cierto, tenían conocido
el valor en Numancia de mi pecho,
para vencer y perdonar nacido!

QUINTO. Jugurta te hará más satisfecho,
señor, de aquello que saber deseas,
que vesle vuelve lleno de despecho.

Asómase JUGURTA *a la muralla*

JUGURTA. Prudente general, en vano empleas
más aquí tu valor. Vuelve a otra parte
la industria singular de que te arreas.
No hay en Numancia cosa en que ocuparte.
Todos son muertos, y sólo uno creo
que queda vivo para el triunfo darte,
allí en aquella torre, según veo.
Yo vi denantes un muchacho; estaba
turbado en vista y de gentil arreo.

ESCIPIÓN. Si eso fuese verdad, eso bastaba
para triunfar en Roma de Numancia,
que es lo que más agora deseaba.
Lleguémonos allá, y haced instancia
cómo el muchacho venga a aquestas manos
vivo, que es lo que agora es de importancia.

Dice BARIATO, *muchacho, desde la torre:*

BARIATO. ¿Dónde venís, o qué buscáis, romanos?
Si en Numancia queréis entrar por fuerte,
haréislo sin contraste, a pasos llanos;
pero mi lengua desde aquí os advierte
que yo las llaves mal guardadas tengo
de esta ciudad, de quien triunfó la muerte.

ESCIPIÓN. Por ésas, joven, deseoso vengo;
y más de que tú hagas experiencia
si en este pecho yo piedad sostengo.

BARIATO. ¡Tarde, cruel, ofreces tu clemencia,
pues no hay con quien usarla: que yo quiero
pasar por el rigor de la sentencia
que con suceso amargo y lastimero
de mis padres y patria tan querida
causó el último fin terrible y fiero!

QUINTO. Dime: ¿tienes por suerte aborrecida,
ciego de un temerario desvarío,
tu floreciente edad y tierna vida?

ESCIPIÓN. Templa, pequeño joven, templa el brío;
sujeta el valor tuyo, que es pequeño,
al mayor de mi honroso poderío;
que desde aquí te doy la fe y empeño
mi palabra que sólo de ti seas
tú mismo propio el conocido dueño;
y que de ricas joyas y preseas
vivas lo que vivieres abastado,
como yo podré darte y tú deseas,
si a mí te entregas y te das de grado.

BARIATO. Todo el furor de cuantos ya son muertos
en este pueblo, en polvo reducido;
todo el huir los pactos y conciertos,
ni el dar a sujeción jamás oído,
sus iras, sus rencores descubiertos,
está en mi pecho solamente unido.
Yo heredé de Numancia todo el brío;
ved, si pensáis vencerme, es desvarío.
Patria querida, pueblo desdichado,
no temas ni imagines que me admire
de lo que debo ser de ti engendrado,
ni que promesa o miedo me retire,
ora me falte el suelo, el cielo, el hado,
ora a vencerme todo el mundo aspire;
que imposible será que yo no haga
a tu valor la merecida paga.
Que si a esconderme aquí me trajo el miedo
de la cercana y espantosa muerte,
ella me sacará con más denuedo,
con el deseo de seguir tu suerte;
de vil temor pasado, como puedo,
será la enmienda agora osada y fuerte,
y el temor de mi edad tierna inocente
pagaré con morir osadamente.
Yo os aseguro, ¡oh fuertes ciudadanos!,
que no falte por mí la intención vuestra

de que no triunfen pérfidos romanos,
si ya no fuere de ceniza nuestra.
Saldrán conmigo sus intentos vanos,
ora levanten contra mí su diestra,
o me aseguren con promesa incierta
a vida y a regalos ancha puerta.
Tened, romanos, sosegad el brío,
y no os canséis en asaltar el muro;
con que fuera mayor el poderío
vuestro, de no vencerme estad seguro.
Pero muéstrese ya el intento mío,
y si ha sido el amor perfecto y puro
que yo tuve a mi patria tan querida,
asegúrelo luego esta caída.

Arrójase el muchacho de la torre, y suena una trompeta, y sale la FAMA *y dice* ESCIPIÓN:

ESCIPIÓN. ¡Oh! ¡Nunca vi tan memorable hazaña!
¡Niño de anciano y valeroso pecho,
que, no sólo a Numancia, mas a España
has adquirido gloria en este hecho;
con tal vida y virtud heroica extraña,
queda muerto y perdido mi derecho!
Tú con esta caída levantaste
tu fama y mis victorias derribaste.
Que fuera viva y en su ser Numancia,
sólo por que vivieras me holgara;
tú sólo me has llevado la ganancia
de esta larga contienda, ilustre y rara;
lleva, pues, niño, lleva la ganancia
y la gloria que el cielo te prepara,
por haber, derribándote, vencido
al que, subiendo, queda más caído.

Entra la FAMA, *vestida de blanco, y dice:*

FAMA. Vaya mi clara voz de gente en gente,
y en dulce y suave son, con tal sonido
llene las almas de un deseo ardiente
de eternizar un hecho tan subido.
Alzad, romanos, la inclinada frente;
llevad de aquí este cuerpo, que ha podido
en tan pequeña edad arrebataros
el triunfo que pudiera tanto honraros,
que yo, que soy la Fama pregonera,
tendré cuidado, en cuanto el alto Cielo
moviere el paso en la subida esfera,
dando fuerza y vigor al bajo suelo,
a publicar con lengua verdadera,

con justo intento y presuroso vuelo,
el valor de Numancia único, solo,
de Batria a Tile, de uno al otro polo.
Indicio ha dado esta no vista hazaña
del valor que en los siglos venideros
tendrán los hijos de la fuerte España,
hijos de tales padres herederos.
No de la muerte la feroz guadaña,
ni los cursos de tiempos tan ligeros
harán que de Numancia yo no cante
el fuerte brazo y ánimo constante.
Hallo sólo en Numancia todo cuanto
debe con justo título cantarse,
y lo que puede dar materia al llanto
para poder mil siglos ocuparse:
la fuerza no vencida, el valor tanto,
digno de en prosa y verso celebrarse;
mas, pues de esto se encarga la memoria,
demos feliz remate a nuestra historia.

FIN DE LA COMEDIA «EL CERCO DE NUMANCIA»

COMEDIA FAMOSA

DE

EL GALLARDO ESPAÑOL

JORNADA PRIMERA

Hablan en esta primera jornada las personas siguientes:

ARLAXA, *mora.*
ALIMUZEL, *moro.*
DON ALONSO DE CÓRDOBA, *conde de Alcaudete, general de Orán.*
DON FERNANDO DE SAAVEDRA.
GUZMÁN, *capitán.*
FRATÍN, *ingeniero.*
UN SOLDADO.
CEBRIÁN, *moro, criado de Alimuzel*
NACOR, *moro.*
DON MARTÍN DE CÓRDOBA.
UNO *con una petición.*
BUITRAGO, *soldado.*
UN PAJECILLO.
OROPESA, *cautivo.*
ROBLEDO, *alférez.*

Salen ARLAXA, *mora, y* ALIMUZEL, *moro*

ARLAXA. Es el caso, Alimuzel,
que a no traerme el cristiano,
te será el amor tirano,
y yo te seré cruel.
Quiérole preso y rendido,
aunque sano y sin cautela.

ALIMUZEL. ¿Posible es que te desuela
deseo tan mal nacido?
Conténtate que le mate,
si no pudiere rendirle;
que detener al herirle
el brazo, será dislate.
Partiréme a Orán al punto,
y desafiaré al cristiano,
y haré por traerle sano,
pues no le quieres difunto.
Pero si acaso el rigor
de la cólera me incita
y su muerte solicita,
¿tengo de perder tu amor?

¿Está tan puesto en razón
Marte, desnuda la espada,
que la tenga nivelada
al peso de tu afición?

ARLAXA. Alimuzel, yo confieso
que tienes razón en parte;
que, en las hazañas de Marte,
hay muy pocas sin exceso,
el cual se suele templar
con la cordura y valor.
Yo he puesto precio en mi amor,
mira si le puedes dar.
Quiero ver la bizarría
de éste que con miedo nombro,
de este espanto, de este asombro
de toda la Berbería;
de este Fernando valiente,
ensalzador de su crisma
y coco de la morisma
que nombrar su nombre siente;
de este Atlante de su España,
su nuevo Cid, su Bernardo,
su don Manuel el Gallardo
por una y otra hazaña.
Quiero de cerca mirarle,
pero rendido a mis pies.

ALIMUZEL. Haz cuenta que ya lo ves,
puesto que dé en ayudarle
todo el cielo.

ARLAXA. ¿Pues qué esperas?

ALIMUZEL. Espero a ver si te burlas;
aunque para mí tus burlas
siempre han sido puras veras.
Comedido, como amante,
soy, y sólo sé decirte
que el deseo de servirte
me hace ser arrogante.
Puedes de mí prometerte
imposibles sobrehumanos,
mil prisioneros cristianos
que vengan a obedecerte.

ARLAXA. Tráeme solamente al fuerte
don Fernando Saavedra,
que con él veré que medra
y se mejora mi suerte,
y aun la tuya, pues te doy
palabra que he de ser tuya

como el hecho se concluya
a mi gusto.

ALIMUZEL. Quizá hoy
oirán los muros de Orán
mi voz en el desafío,
y aun de los cielos confío,
que luz y vida nos dan,
que han de acudir a mi intento
con suceso venturoso.

ARLAXA. Parte, Alimuzel famoso.

ALIMUZEL. Fuerzas de tu mandamiento
me llevan tan alentado,
que acabaré con valor
el imposible mayor
que se hubiere imaginado.

ARLAXA. Ve en paz, que de aquesta guerra
la victoria te adivino. (*Éntrase* ARLAXA.)

ALIMUZEL. ¡Queda en paz, rostro divino,
ángel que mora en la tierra,
bizarra sobre los hombres
que a guerra a Marte provocan,
a quien de excelencias tocan
mil títulos y renombres;
en extremo poderosa
de dar tormento y placer,
hielo que nos hace arder
en viva llama amorosa!
Queda en paz, que, sin tu sol,
ya camino en noche oscura;
resucite mi ventura
la muerte de este español.
Mas, ¡ay, que no he de matarle,
sino prenderle, y no más!
¿Quién tal deseo jamás
vio, ni pudo imaginarle? (*Éntrase* ALIMUZEL.)

Salen DON ALONSO DE CÓRDOBA, *conde de Alcaudete, general de Orán*; DON FERNANDO DE SAAVEDRA; GUZMÁN, *capitán;* FRATÍN, *ingeniero.*

FRATÍN. Hase de alzar, señor, esta cortina
a peso de aquel cubo, que responde
a éste, que descubre la marina.
De la silla esta parte no se esconde;
mas ¿qué aprovecha, si no está en defensa,
ni Almarza a nuestro intento corresponde?

D. ALONSO. El cerco es cierto, y más cierta la ofensa,
si ya no son cortinas y muralla
de vuestros brazos la virtud inmensa.

Donde el deseo de la fama se halla,
las defensas se estiman en un cero,
y a campo abierto salta a la batalla.
Venga, pues, la morisma, que yo espero
en Dios y en vuestras manos vencedoras
que volverá el león manso cordero.
Los argos, centinelas veladoras,
miren al mar y miren a la tierra
en las del día y las nocturnas horas.
No hay disculpa al descuido que en la guerra
se hace, por pequeño que parezca,
que pierde mucho quien en poco yerra;
y si aviniere que el cabello ofrezca
la ligera ocasión, ha de tomarse,
antes que a espaldas vueltas desparezca:
que, en la guerra, el perderse o el ganarse
suele estar en un punto, que, si pasa,
vendrá el de estar quejoso y no vengarse.
En su pajiza, pobre y débil casa
se defiende el pastor del sol ardiente
que el campo agosta y la montaña abrasa.
Quiero inferir que puede ser valiente
detrás de un muro un corazón medroso
cuando a sus lados que le animan siente.

Entra un SOLDADO

SOLDADO. Señor, con ademán bravo y airoso,
picando un alazán, un moro viene
y a la ciudad se acerca presuroso.
Bien es verdad que a veces se detiene
y mira a todas partes, recatado,
como quien miedo y osadía tiene.
Adarga blanca trae, y alfange al lado,
lanza con bandereta de seguro,
y el bonete con plumas adornado.
Puedes, si gustas, verle desde el muro.

D. ALONSO. Bien de aquí se descubre; ya le veo.
Si es embajada, yo le doy seguro.

D. FERNANDO. Antes es desafío, a lo que creo.

Entra ALIMUZEL *a caballo, con lanza y adarga*

ALIMUZEL. Escuchadme, los de Orán,
caballeros y soldados,
que firmáis con nuestra sangre
vuestros hechos señalados.
Alimuzel soy, un moro
de aquellos que son llamados

galanes de Meliona,
tan valientes como hidalgos.
No me trae aquí Mahoma
a averiguar en el campo
si su secta es buena o mala,
que él tiene de eso cuidado.
Tráeme otro dios más brioso,
que es tan soberbio y tan manso,
que ya parece cordero,
y ya león irritado.
Y este dios, que así me impele,
es de una mora vasallo,
que es reina de la hermosura,
de quien soy humilde esclavo.
No quiero decir que hiendo,
que destrozo, parto o rajo;
que animoso, y no arrogante,
es el buen enamorado.
Amo en fin, y he dicho mucho
en sólo decir que amo,
para daros a entender
que puedo estimarme en algo.
Pero, sea yo quien fuere,
basta que me muestro armado
ante estos soberbios muros,
de tantos buenos guardados;
que si no es señal de loco,
será indicio de que he dado
palabra que he de cumplirla
o quedar muerto en el campo.
Y así, a ti te desafío,
don Fernando, el fuerte, el bravo,
tan infamia de los moros
cuanto prez de los cristianos.
Bien se verá en lo que he dicho
que, aunque haya otros Fernandos,
es aquel de Saavedra
a quien en batalla llamo.
Tu fama, que no se encierra
en límites, ha llegado
a los oídos de Arlaxa,
de la belleza milagro.
Quiere verte; mas no muerto,
sino preso, y hame dado
el asunto de prenderte:
mira si es pequeño el cargo.
Yo prometí de hacerlo,
porque el que está enamorado,

los más arduos imposibles
facilita y hace llano.
Y para darte ocasión
de que salgas mano a mano
a verte conmigo agora,
de estas cosas te hago cargo:
que peleas desde lejos,
que el arcabuz es tu amparo,
que en comunidad aguijas
y a solas te vas despacio;
que eres Ulises nocturno,
no Telamón al sol claro;
que nunca mides tu espada
con otra, a fuer de hidalgo.
Si no sales, verdad digo;
si sales, quedará llano,
ya vencido o vencedor,
que tu fama no habla en vano.
Aquí, junto a Canastel,
solo te estaré esperando
hasta que mañana el sol
llegue al Poniente su carro.
Del que fuere vencedor
ha de ser el otro esclavo,
premio rico y premio honesto.
Ven, que espero, don Fernando. *(Vase.)*

D. ALONSO. Don Fernando, ¿qué os parece?

D. FERNANDO. Que es el moro comedido
y valiente, y que merece
ser de amor favorecido
en el trance que se ofrece.

D. ALONSO. ¿Luego pensáis de salir?

D. FERNANDO. Bien se puede esto inferir
de su demanda y mi celo,
pues ya se sabe que suelo
a lo que es honra acudir.
Déme vuestra señoría
licencia, que es bien que salga
antes que se pase el día.

D. ALONSO. No es posible que ahora os valga
vuestra noble valentía.
No quiero que allá salgáis,
porque hallaréis, si miráis
a la soldadesca ley,
que obligado a vuestro rey
mucho más que a vos estáis.
En la guerra usanza es vieja,
y aun ley casi principal,

a toda razón aneja,
que por causa general
la particular se deja.
Porque no es suyo el soldado
que está en presidio encerrado,
sino de aquel que le encierra,
y no ha de hacer otra guerra
sino a la que se ha obligado.
En ningún modo sois vuestro,
sino del rey, y en su nombre
sois mío, según lo muestro;
y yo no aventuro un hombre
que es de la guerra maestro
por la simple niñería
de una amorosa porfía:
don Fernando, esto es verdad.

D. FERNANDO. ¡De extraña reguridad
usa vuestra señoría
conmigo! ¿Qué dirá el moro?

D. ALONSO. Diga lo que él más quisiere;
que yo guardo aquí el decoro
que la guerra pide y quiere,
y de ella ninguno ignoro.

D. FERNANDO. Respóndasele, a lo menos,
y sepa que por tus buenos
respetos allá no salgo.

GUZMÁN. No os tendrá por esto el galgo,
señor don Fernando, en menos.

D. ALONSO. Lleve el capitán Guzmán
la respuesta.

GUZMÁN. Sí haré,
y, ¡voto a tal!, si me dan
licencia, que yo le dé
al morico ganapán
tal rato, que quede frío
de amor con el desafío.

D. ALONSO. Respondedle cortésmente,
con el término prudente
que de vuestro ingenio fío.

(*Vanse* DON ALONSO *y* FRATÍN.)

GUZMÁN. ¿Queréis que, en vez de respuesta,
os le dé una mano tal,
que se concluya la fiesta?

D. FERNANDO. Que me estará a mí muy mal
eso, es cosa manifiesta.
Sólo a mí me desafía,

y gran mengua me sería
que otro por mí pelease.
Mas si el moro me esperase
allí siquiera otro día,
yo le saldré a responder,
a pesar de todo el mundo
que lo quiera defender.

GUZMÁN. ¿En qué os fundáis?

D. FERNANDO. Yo me fundo
en esto que pienso hacer;
el lunes soy yo de ronda,
y cuando la noche esconda
la luz con su manto oscuro,
arrojaréme del muro
a la cava.

GUZMÁN. Está muy honda,
y podríais peligrar.

D. FERNANDO. Póneme en los pies el brío
mil alas para volar.
Todo aquesto de vos fío.

GUZMÁN. Ya sabéis que sé callar.
Dejadme salir primero,
porque de mi industria espero
que saldréis bien de este hecho.

D. FERNANDO. Sois amigo de provecho.

GUZMÁN. Sí, porque soy verdadero.

Vanse, y salen ALIMUZEL *y* CEBRIÁN, *su criado, que en arábigo quiere decir lacayo o mozo de caballos.*

ALIMUZEL. Átale allí, Cebrián,
al tronco de aquella palma;
repose el fuerte alazán
mientras reposa mi alma
los cuidados que le dan.
Aquí a solas daré al llanto
las riendas, o al pensar santo
en las memorias de Arlaxa,
en tanto que al campo baja
aquel que se estima en tanto.

(Baja la cabeza CEBRIÁN *y vase.)*

¡Venturoso tú, cristiano,
que puedes a tus despojos
añadir el más que humano
que es querer verte los ojos
del cielo que adoro en vano!
Y más que pena recibo
de esto que en el alma escribo

con celoso desconcierto:
que a mí me quieren ver muerto
y a ti quieren ver vivo.
Pero yo no haré locura
semejante; que, si venzo,
o por fuerza o por ventura,
daré a mis glorias comienzo
dándote aquí sepultura.
Mas si te hago morir,
¿cómo podré yo cumplir
lo que Arlaxa me ha mandado?
¡Oh triste y dudoso estado,
insufrible de sufrir!
Parleras aves, que al viento
esparcís quejas de amor,
¿qué haré en el mal que siento?
¿Daré la rienda al rigor
o al cortés comedimiento?
Mas démosla al sueño agora;
perdonadme, hermosa mora,
si aplico sin tu licencia
este alivio a la dolencia
que en mi alma triste mora.

Échase a dormir, y sale al instante NACOR, *moro, con un turbante verde*

NACOR. Mahoma, ya que el amor
en mis dichas no consiente,
muéstrame tú tu favor:
mira que soy tu pariente,
el infelice Nacor.
Jarife soy de tu casta,
y no me respeta el asta
de amor que blande en mi pecho,
un blanco a sus tiros hecho,
do todas sus flechas gasta.
Y más, y no sé qué es esto,
que, con ser enamorado,
soy de tan bajo supuesto,
que no hay conejo acosado
más cobarde ni más presto.
De esto será buen testigo
el ver aquí mi enemigo
dormido, y no osar tocarle,
deseando de matarle
por venganza y por castigo.
Que esté celoso y con miedo,
por Alá que es cosa nueva.

¿Llegaré, o estarme he quedo?
¿Cortaré, en segura prueba
este gordiano enredo?
Que si éste quito delante,
podrá ser que vuelva amante
el pecho de Arlaxa ingrato.
Muérome porque no mato;
oso y tiemblo en un instante.

Entra el capitán GUZMÁN *con espada y rodela*

GUZMÁN. ¿Eres tú el desafiador
de don Fernando, por dicha?
NACOR. No tengo yo ese valor;
que el corazón con desdicha
es morada del temor.
Aquél es que está allí echado;
moro tan afortunado,
que Arlaxa le manda y mira.
GUZMÁN. Paréceme que suspira.
NACOR. Sí hará, que está enamorado.
GUZMÁN. ¡Alimuzel!
ALIMUZEL. ¿Quién me llama?
GUZMÁN. Mal acudirás, durmiendo,
al servicio de tu dama.
ALIMUZEL. En el sueño va adquiriendo
fuerzas la amorosa llama,
porque en él se representan
visiones que me atormentan,
obligaciones que guarde,
miedos que me hacen cobarde
y celos que más me alientan.
Mirándote estoy, y veo
cuán propio es de la mujer
tener extraño deseo.
Cosas hay en ti que ver,
no que admirar.
GUZMÁN. Yo lo creo.
Pero ¿por qué dices eso?
ALIMUZEL. Don Fernando, yo confieso
que tu buen talle y buen brío
llega y se aventaja al mío,
pero no en muy grande exceso;
y si no es por el gran nombre
que entre la morisma tienes
de ser en las armas hombre,
ninguna cosa contienes
que enamore ni que asombre;
y yo no sé por qué Arlaxa

tanto se angustia y trabaja
por verte, y vivo, que es más.

GUZMÁN. Engañado, moro, estás;
tu vano discurso ataja,
que yo no soy don Fernando.

ALIMUZEL. Pues ¿quién eres?

GUZMÁN. Un su amigo
y embajador.

ALIMUZEL. Dime cuándo
espera verse conmigo,
porque le estoy aguardando.

GUZMÁN. Has de saber, moro diestro,
que el sabio general nuestro
que salga no le consiente.

ALIMUZEL. Pues ¿por qué?

GUZMÁN. Porque es prudente
y en la guerra gran maestro.
Teme el cerco que se espera,
y no quiere aventurar
en empresa tan ligera
una espada que en cortar
es entre muchas primera.
Pero dice don Fernando
que le estés aquí aguardando
hasta el lunes, que él te jura
salir en la noche oscura,
aunque rompa cualquier bando.
Si aquesto no te contenta,
y quieres probar la suerte
con menos daño y afrenta,
tu brazo gallardo y fuerte
con éste, que es flaco, tienta,
y a tu mora llevarás,
si me vences, quizá más
que en llevar a don Fernando.

ALIMUZEL. No estoy en eso pensando;
muy descaminado vas.
No eres tú por quien me envía
Arlaxa, y aunque te prenda,
no saldré con mi porfía.
Haz que don Fernando entienda
que le aguardaré ese día
que pide, y si le venciere,
y entonces tu gusto fuere
probarme en el marcial juego,
mi voluntad hará luego
lo que la tuya quisiere;
que ya sabes que no es dado

dejar la empresa primera
por la segunda al soldado.

GUZMÁN. Es verdad.

ALIMUZEL. De esa manera
bien quedaré disculpado.

GUZMÁN. Dices muy bien.

ALIMUZEL. Sí, bien digo.
Vuélvete, y dile a tu amigo
que le espero y que no tarde.

GUZMÁN. Tu Mahoma, Alí, te guarde.

ALIMUZEL. Tu Cristo vaya contigo. (*Vase* GUZMÁN.)
Nacor, ¿qué es esto?, ¿a qué vienes?

NACOR. A ver cómo en esta empresa
tan peligrosa te avienes;
y por Alá que me pesa
de ver que en punto la tienes,
que el de tu muerte está a punto.

ALIMUZEL. ¿En qué modo?

NACOR. En que barrunto
que, si de noche peleas,
sobre ti no es mucho veas
todo un ejército junto.
Esto de no estar en mano
de don Fernando el salir
tenlo por ligero y vano;
que se suele prevenir
con astucias el cristiano.
De noche quieren cogerte,
por que al matarte o prenderte,
aun el sol no sea testigo.
No creas a tu enemigo;
Alí, procura volverte,
que bien disculpado irás
con Arlaxa, pues has hecho
lo que es posible, y aún más.

ALIMUZEL. Consejos de sabio pecho
son, Nacor, los que me das;
pero no puedo admitillos,
ni menos con gusto oíllos;
que tiene el amor echados
a mis oídos candados,
a los pies y alma grillos.

NACOR. Para mejor ocasión
te guarda, porque es cordura
prevenir a la intención
del que a su salvo procura
su gloria y tu perdición.

Ven, que a Arlaxa daré cuenta
de modo que diga y sienta
que eres vencedor osado,
pues si no sale el llamado,
en sí se queda la afrenta.
Cuanto más que, cuando venga
el cerco de esta ciudad,
que ya no hay quien le detenga,
podrás, a tu voluntad,
hacer lo que más convenga;
que entonces saldrá el cristiano,
si es arrogante y lozano,
al campo abierto, sin duda.

ALIMUZEL. Bien es Nacor, que yo acuda
a tu consejo, que es sano.
Ven y vamos, pues podré,
en este cerco que dices,
cumplir lo que aquí falté.
Mas mira que me autorices
con Arlaxa.

NACOR. *(Ap.)* Sí haré.
Sentirá Arlaxa la mengua
que tanto al cristiano amengua,
haciéndole de ella alarde;
vos quedaréis por cobarde,
o mal me andará la lengua. *(Vanse.)*

Salen DON ALONSO DE CÓRDOBA, *general de Orán, conde de Alcaudete, y su hermano* DON MARTÍN DE CÓRDOBA *y* DON FERNANDO DE SAAVEDRA.

CONDE. Señor don Martín, conviene
que vuesa merced acuda
a Mazalquivir, que tiene
necesidad de la ayuda
que vuestro esfuerzo contiene;
que allí acudirá primero
el enemigo ligero.
Mas que venzáis no lo dudo;
que el cobarde está desnudo,
aunque se vista de acero.
En su muchedumbre estriba
aquesta mora canalla,
que así se nos muestra esquiva:
mas cuando defensa halla,
se humilla, postra y derriba.
Sus gustos, sus algazaras,
si bien en ello reparas,
son el canto del medroso;

calla el león animoso
entre las balas y jaras.

D. MARTÍN. Por mi caudillo y mi hermano
te obedezco, y haré cuanto
fuere, señor, en mi mano;
que ni de gritos me espanto,
ni de tumulto pagano.
Dame, señor, municiones,
que en el trance que me pones
pienso, si no faltan ellas,
poner sobre las estrellas
los españoles blasones.

Entra UNO *con una petición*

UNO. Señor, dame licencia que te lea
aquesta petición.

CONDE. Lee en buen hora.

UNO. Doña Isabel de Avellaneda, en nombre
de todas las mujeres de esta tierra,
dice que llegó ayer a su noticia
que, por temor del cerco que se espera,
quieres que quede la ciudad vacía
de gente inútil, enviando a España
las mujeres, los viejos y los niños;
resolución prudente, aunque medrosa.
Y apelan de esto a ti de ti, diciendo
que ellas se ofrecen de acudir al muro,
ya con tierra o fajina, o ya con lienzos
bañados en vinagre, con que limpien
el sudor de los fieros combatientes
que asistan al rigor de los asaltos;
que tomarán la sangre a los heridos;
que las más pequeñuelas harán hilas,
dando la mano al lienzo y voz al cielo,
con tiernas virginales rogativas,
pidiendo a Dios misericordia, en tanto
que los robustos brazos de sus padres
defiendan sus murallas y sus vidas;
que los niños darán de buena gana
para enviar a España con los viejos,
pues no pueden servir de cosa alguna;
mas ellas, que por útiles se tienen,
no irán de ningún modo, porque piensan,
por Dios, y por su ley, y por su patria
morir sirviendo a Dios, y en la muerte,
cuando el hado les fuere inexorable,
dar el último vale a sus maridos,
o ya cerrar los ojos a sus padres

con tristes y cristianos sentimientos.
En fin, serán, señor, de más provecho
que daño, por lo cual te ruegan todas
que revoques, señor, lo que ordenaste,
en cuanto toca a las mujeres sólo,
que en ello harás a Dios servicio grande,
merced a ellas, y favor inmenso.
Esto la petición, señor, contiene.

CONDE. Nunca tal me pasó por pensamiento;
nunca tanto el temor se ha apoderado
de mí, que hiciese prevención tan triste.
Por respuesta llevad que yo agradezco
y admito su gallardo ofrecimiento,
y que de su valor tendrá la fama
cuidado de escribirle y de grabarle
en láminas de bronce por que viva
siglos eternos. Y esto les respondo,
y andad con Dios.

UNO. Por cierto que han mostrado
de espartanas valor, de argivas brío.

Entra el capitán GUZMÁN

CONDE. Pues, capitán Guzmán, ¿qué dice el moro?

GUZMÁN. Ya se fue mal contento.

D. FERNANDO. *(Ap.)*
¿Es ido cierto?

GUZMÁN. *(Ap.)*
Aguardándote está, porque es valiente,
y discreto además, en lo que muestra.

D. FERNANDO. *(Ap.)*
Saldré, sin duda.

GUZMÁN. *(Ap.)* No sé si lo aciertas,
que está muy cerca el cerco.

D. FERNANDO. *(Ap.)* Si le venzo,
presto me volveré; si soy vencido,
poca falta haré, pues poco valgo.

CONDE. ¡Bravo parece el moro!

GUZMÁN. Bravo, cierto.
y muy enamorado y comedido.

Entra a esta sazón BUITRAGO, *un soldado con la espada sin vaina, oleada, con un orillo, tiros de soga, finalmente muy malparado. Trae una tablilla con demanda de las ánimas de purgatorio, y pide para ellas. Y esto de pedir para las ánimas es cuento verdadero, que yo lo vi, y la razón por que pedía se dice adelante.*

BUITRAGO. Denme para las ánimas, señores,
pues saben que me importa.

CONDE. ¡Oh, buen Buitrago!
¿Cuánto ha caído hoy?
BUITRAGO. Hasta tres cuartos.
D. MARTÍN. ¿De ellos qué habéis comprado?
BUITRAGO. Casi nada:
una asadura sola y cien sardinas.
D. MARTÍN. Harto habrá para hoy.
BUITRAGO. ¡Por Santo Nuflo,
que apenas hay para que masque un diente!
D. MARTÍN. Comeréis hoy conmigo.
BUITRAGO. De ese modo
habrá para almorzar en lo comprado.
D. MARTÍN. ¿Y la ración?
BUITRAGO. ¿Qué? ¿La ración? Ya asiste
a un lado del estómago, y no ocupa
cuanto una casa de ajedrez pequeña.
D. FERNANDO. ¡Gran comedor!
GUZMÁN. Tan grande, que le ha dado
el conde esta demanda por que pueda
sustentarse con ella.
BUITRAGO. ¿Qué aprovecha?
Que como saben todos que no hay ánima
a quien haga decir sólo un responso,
si me dan medio cuarto, es por milagro;
y así, pienso pedir para mi cuerpo,
y no para las ánimas.
D. MARTÍN. Sería
gran discreción.
BUITRAGO. ¡Oh, pese a mi linaje!,
¿no sabe todo el mundo que, si como
por seis, que suelo pelear por siete?
¡Cuerpo de Dios conmigo! Denme ripio
suficiente a la boca, y denme moros
a las manos a pares y a millares;
verán quién es Buitrago y si merece
comer por diez, pues que pelea por veinte.
CONDE. Tiene razón Buitrago; mas agora,
si llega el cerco, mostrará sus bríos,
y haré yo que le den siete raciones
con tal que cese la demanda.
BUITRAGO. Cese,
que entonces no habrá lengua, y habrá manos.
No hay pedir, sino dar; no hay sacar almas
del purgatorio entonces, sino espiches,
para meter en el infierno muchas
de la mora canalla que se espera.

Un PAJECILLO *diga:*

PAJECILLO. ¡Daca el alma, Buitrago, daca el alma!
BUITRAGO. ¡Hijo de puta y puto, y miente, y calle!
¿No sabe el cornudillo, sea quien fuere,
que, aunque tenga cien cuerpos y cien almas
para dar por mi rey, no daré una
si me la piden de ese modo infame?
D. MARTÍN. Otra vez, Cereceda.
PAJECILLO. ¡Daca el alma!
BUITRAGO. ¡Por vida de!
CONDE. Buitrago, con paciencia;
no la deis vos, por más que os la demanden.
BUITRAGO. ¡Que tenga atrevimiento un pajecillo
de pedirme a mí el alma! ¡Voto a Cristo
que, a no estar aquí el conde, don hediondo,
que os sacara la vuestra a puntillazos,
aunque me lo impidiera el mismo diablo,
por prenda suya!
CONDE. No haya más, Buitrago;
guardad vuestra alma, y dadnos vuestras manos,
que serán menester, yo os lo prometo.
BUITRAGO. Denme para las ánimas ahora,
que todo se andará.
D. MARTÍN. Tomad.
BUITRAGO. ¡Oh invicto
don Martín, generoso! Por mi diestra,
que he de ser tu soldado, si, por dicha,
vas a Mazalquivir, como se ha dicho.
D. MARTÍN. Seréis mi camarada y compañero.
BUITRAGO. ¡Vive Dios que eres bravo caballero!

Vanse, y salen ARLAXA *y* OROPESA, *su cautivo*

ARLAXA. ¡Mucho tarda Alimuzel!
Cristiano, no sé qué sea.
OROPESA. Fuiste, señora, con él
otra segunda Medea,
famosa por ser cruel.
A una empresa le enviaste
que parece que mostraste
que te era en odio su vida.
ARLAXA. Yo fui parte en su partida,
tú el todo, pues la causaste.
Las alabanzas extrañas
que aplicaste a aquel Fernando,
contándome sus hazañas,
se me fueron estampando
en medio de las entrañas,
y de allí nació un deseo

no lascivo, torpe o feo,
aunque vano por curioso,
de ver un hombre famoso
más de los que siempre veo.
Más que discreta, curiosa,
ordené que Alimuzel
fuese a la empresa dudosa;
no por mostrarme con él
ingrata ni rigurosa.
Y muéstrame su tardanza
que me engañó la esperanza
y que es premio merecido
del deseo mal nacido
tenerle quien no lo alcanza.
Yo tengo un alma bizarra
y varonil, de tal suerte,
que gusto del que desgarra
y más allá de la muerte
tira atrevido la barra.
Huélgome de ver a un hombre
de tal valor y tal nombre,
que con los dientes tarace,
con las manos despedace
y con los ojos asombre.

OROPESA. Pues si viene Alimuzel
y a don Fernando trae preso,
no verás, señora en él
ninguna cosa en exceso
de las que te he dicho de él.
Tendrásme por hablador,
y será más el valor
de Alimuzel conocido,
pues la fama del vencido
se pasa en el vencedor.
Pero si acaso da el cielo
a don Fernando victoria,
cierto está tu desconsuelo,
pues su fama en tu memoria
alzará más alto el vuelo,
y de no poderle ver,
vendrá el deseo a crecer
de verle.

ARLAXA. Tienes razón;
parienta es la confusión
del discurso de mujer.

Entran ALIMUZEL *y* NACOR

ALIMUZEL. Dadle la mano, señora,
o los pies a aqueste esclavo,
que con el alma os adora.
ARLAXA. ¿Cómo en corazón tan bravo
tanta humildad, señor, mora?
Alzaos, no estéis de ese modo.
ALIMUZEL. A tu gusto me acomodo.
ARLAXA. ¿Sois vencido, o vencedor?
ALIMUZEL. Todo lo dirá Nacor,
que se halló presente a todo.
NACOR. No quiso el desafiado
acudir al desafío
aunque bien se ha disculpado.
ARLAXA. ¿Ése es soldado de brío,
tan temido y alabado?
¿Cómo pudo dar disculpa
buena de tan fea culpa?
NACOR. Su general le detuvo
que él ninguna culpa tuvo,
aunque Alimuzel le culpa;
que él saliera al campo abierto
a esperarle un día más,
según quedó en el concierto.
ALIMUZEL. Nacor, endiablado estás;
no sé cómo no te he muerto.
NACOR. Mal haces de amenazarme
ni, soberbio, ocasión darme
para que contigo rife,
pues sabes que soy jarife,
y que pecas en tocarme.
ARLAXA. Paso, mi señor valiente,
que entiendo de este contraste,
sin que ninguno le cuente,
que ni él salió, ni esperaste.
NACOR. Es así.
ALIMUZEL. ¡Un jarife miente!
¡Por Alá, que es gran maldad!
NACOR. ¿No se muestra la verdad
en que te vienes sin él?
ALIMUZEL. ¿Pude yo verme con él,
encerrado en la ciudad?
¿No sabes lo que pasó,
y la embajada que trujo
quien por él me respondió?
NACOR. Sé que a esperar se redujo
el trance, y más no sé yo.
ALIMUZEL. ¿Por consejo no me diste
que me volviese?

NACOR. Hiciste
mal; yo bien, porque pensaba
que a un cobarde aconsejaba.
ALIMUZEL. ¡El diablo se me reviste!
¡Incita a hacerte pedazos!
NACOR. Jarife soy; no me toques
con los dientes ni los brazos,
ni a que te dé me provoques
duros y fuertes abrazos;
que ya sabes que Mahoma
por suya la causa toma
del jarife, y le defiende,
y al soberbio que le ofende
a sus pies le humilla y doma.

Entran dos MOROS *y traen cautivo a* DON FERNANDO, *en cuerpo y sin espada*

ALIMUZEL. ¿Qué es aquesto?
MORO 1.° A este cristiano
cautivó tu escuadra ayer
junto a Orán.
D. FERNANDO. ¡Miente el villano!
Yo me entregué, sin poner
pies a huir ni a espada mano.
Si no quisiera entregarme,
no pudieran cautivarme
tres escuadras, ni aun trescientas.
ALIMUZEL. Estás cautivo, y revientas
de bravo.
D. FERNANDO. Puedo alabarme.
ARLAXA. ¿Quién eres?
D. FERNANDO. Soy un soldado
que me he venido a entregar
a vuestra prisión de grado,
por no poder tolerar
ser valiente y mal pagado.
ARLAXA. ¿Luego quieres ser cautivo?
D. FERNANDO. De serlo gusto recibo;
dadme patrón que me mande.
ARLAXA. ¡Qué disparate tan grande!
D. FERNANDO. Yo de disparates vivo.
OROPESA. Éste es don Fernando, cierto,
el que yo tanto alabé,
y ni viene preso o muerto,
ni cómo viene no sé,
ni atino su desconcierto.
El callar será acertado

hasta hablarle en apartado,
que me admira su venida.

ALIMUZEL. ¿Seréis, Arlaxa, servida
de que os sirva este soldado?
Que si ayer fue el primer día
que salió de Orán, dirá
si hice lo que debía;
que yo entiendo que sabrá
mi valor o cobardía.
Dime: ¿oíste un desafío
que hizo un moro vacío
de ventura, y de fe lleno?

D. FERNANDO. Y fue tenido por bueno,
bien criado y de gran brío.
El retado no salió,
que lo estorbó el general
por cierta ley que halló;
pero después, por su mal,
que vino al campo sé yo,
pensando de hallar allí
al valeroso Alí,
porque salimos los dos:
él a combatir con vos,
yo para venir aquí,
que ya os conozco en el talle.

ALIMUZEL. Pues esto es verdad, señora,
bien será que Nacor calle.

OROPESA. ¡Oh! Si llegase la hora
en que pudiese hablalle,
¡qué de cosas le diría!

NACOR. ¿No se ve tu cobardía,
si el cristiano salió a verte,
y tú quisiste volverte
sin esperar más de un día?

ALIMUZEL. Si tú no hicieras alarde
de tu ingenio caviloso,
yo volviera nunca o tarde.

NACOR. Consejos de religioso
presto los toma el cobarde.

ALIMUZEL. Arlaxa, yo volveré,
y a tu presencia traeré,
o muerto o preso, al cristiano.

NACOR. Ya tu vuelta será en vano.

ARLAXA. No le quiero, déjale;
que, pues a la voz primera
no saltó de la muralla
y empuñó la espada fiera,
la fama que en él se halla

no debe ser verdadera,
y así, ya no quiero verle;
aunque, si puedes traerle
sin tu daño, darme has gusto.

D. FERNANDO. Es don Fernando robusto,
y habrá que hacer en prenderle.
Conózcole como a mí,
y sé que es de condición
que sabrá volver por sí,
y aun buscará la ocasión
para responder a Alí.

ARLAXA. ¿Es valiente?

D. FERNANDO. Como yo.

ARLAXA. ¿De buen rostro?

D. FERNANDO. Aqueso no,
porque me parece mucho.

ALIMUZEL. ¡Todo esto con rabia escucho!

ARLAXA. ¿Tiene amor?

D. FERNANDO. Ya le dejó.

ARLAXA. ¿Luego túvole?

D. FERNANDO. Sí, creo.

ARLAXA. ¿Será mudable?

D. FERNANDO. No es fuerza
que sea eterno un deseo.

ARLAXA. ¿Tiene brío?

D. FERNANDO. Y tiene fuerza.

ARLAXA ¿Es galán?

D. FERNANDO. De buen aseo.

ARLAXA. ¿Raja y hiende?

D. FERNANDO. Tronca y parte.

ARLAXA. ¿Es diestro?

D. FERNANDO. Como otro Marte.

ARLAXA. ¿Atrevido?

D. FERNANDO. Es un león.

ARLAXA. Partes todas éstas son,
cristiano, para adorarle,
a ser moro.

ALIMUZEL. Calla, Arlaxa,
pues tienes aquí delante
quien por tu gusto trabaja.

ARLAXA. Gusto yo de un arrogante
que bravea, hiende y raja.
Vuelve, Alí, por el cristiano;
que te doy mi fe y mi mano,
si le traes, de ser tu esposa.

D. FERNANDO. Tú le mandas una cosa
donde ha de sudar en vano.

NACOR. ¡Soberbios sois los cristianos!
D. FERNANDO. Eslo, al menos, quien se alaba.
ALIMUZEL. Aquí hay quien con ufanos
bríos quitará la clava
a Hércules de las manos:
aquí hay quien, a pesar
de quien lo quiera estorbar,
Arlaxa, hará lo que mandas.
D. FERNANDO. A veces se mandan mandas
que nunca se piensan dar,
y a las veces las promete
quien no las quiere cumplir,
ni puede.
NACOR. ¿Quién te mete
a ti en eso?
D. FERNANDO. Sé decir
que en parte a mí me compete;
que es don Fernando mi amigo,
y soy cierto y buen testigo
del mucho valor que encierra.
ALIMUZEL. Traen los casos de la guerra
diversos fines consigo.
El valiente y fanfarrón
tal vez se ha visto vencido
del flaco de corazón;
que Alá da ayuda al partido
que defiende la razón.
D. FERNANDO. ¿Pues qué razón lleva en éste
Alí?
OROPESA. • Tú harás que te cueste
la vida tu lengua necia.
ALIMUZEL. Si al que ama, el amor precia,
su santo favor me preste;
que, sin razón y con él,
a don Fernando el valiente
vencerá el flaco Muzel.
ARLAXA. ¡Qué plática impertinente!
ALIMUZEL. ¡Qué corazón tan cruel!
ARLAXA. Quede el cristiano conmigo;
Alá vaya, Alí, contigo
y con Nacor.
NACOR. Él te guarde.
ARLAXA. Volvedme a ver esta tarde.

Éntranse todos, si no DON FERNANDO *y* OROPESA.
Entra ALIMUZEL

OROPESA. ¡Hola, soldado! ¿A quién digo?
¿Qué noramala, señor,

os traído a este puesto,
tan contrario a vuestro honor?

D. FERNANDO. En buena te diré presto
de mi fortuna el rigor.
No quiso el general mío
que saliese al desafío
que me hizo aqueste moro.
Yo, por guardar el decoro
que corresponde a mi brío,
me descolgué por el muro,
y cuando pensé hallar
lo que aún ahora procuro,
un escuadrón vino a dar
conmigo, estando seguro.
Era la noche cerrada,
y como vi defraudada
mi esperanza tan del todo,
con el tiempo me acomodo.
Mentí; rendíles la espada;
díjeles que mi intención
era venir a ponerme
de grado en su sujeción,
y que quisiesen traerme
a reconocer patrón.
Dijéronme que este Alí
era su señor, y así,
vine sin fuerza y forzado.
De todo cuenta te he dado;
no hay más que saber de mí.
Calla mi nombre, que veo
que aquesta mora hermosa
tiene de verme deseo.

OROPESA. De tu fama valerosa
que está enamorada creo.
No te des a conocer,
que deseos de mujer
se mudan a cada paso.

D. FERNANDO. Vuelve Muzel; habla paso.

OROPESA. No sé qué pueda querer.

Entra ALIMUZEL

ALIMUZEL. Oropesa, escucha y calla,
y guárdame aquel secreto
que en tu discreción se halla,
que a tu bondad le prometo
con la mía de premialla.
Yo te daré libertad,
y a ti, si tu voluntad

fuere de volverte a Orán,
mis designios te darán
honrosa comodidad.
Sólo os pido, en cambio de esto,
que me descubráis un modo
tan honroso y tan compuesto,
que en las partes y en el todo
eche de hidalguía el resto,
el cual me vaya mostrando
en qué parte, cómo o cuándo,
ya en el campo o estacada,
pueda yo medir mi espada
con la del bravo Fernando.
Quizá está en su vencimiento,
como Arlaxa significa,
de mi bien el cumplimiento,
si ya mi esperanza rica
no la empobrece su intento,
que debe de ser doblado,
pues de lo que me ha mandado
todo se puede temer,
y no hay bien que venga a ser
seguro en el desdichado.

D. FERNANDO. Yo te daré a tu enemigo
a toda tu voluntad,
como estoy aquí contigo,
sin usar de deslealtad,
que nunca albergó conmigo.

ALIMUZEL. No es enemigo el cristiano;
contrario, sí; que el lozano
deseo de Arlaxa bella
presta para esta querella
la voz, el intento y mano.

D. FERNANDO. Presto te pondré con él,
y fía aquesto de mí,
comedido Alimuzel;
y aun pienso hacer por ti
lo que un amigo fiel,
porque la ley que divide
nuestra amistad no me impide
de mostrar hidalgo pecho;
antes, con lo que es bien hecho
se acomoda, ajusta y mide.
Ve en paz, que yo pensaré
el tiempo que más convenga
para hacer lo que haré.

ALIMUZEL. Mahoma sobre ti venga,
y lo que puede te dé. *(Vase.)*

D. FERNANDO. ¡Gentil carga!
OROPESA. Y gentil presa.
D. FERNANDO. ¿Pesa mucho?
OROPESA. Poco pesa,
que está en fuego convertida.
D. FERNANDO. Mira que importa la vida
tener secreto, Oropesa.

Vanse, y sale riñendo el capitán GUZMÁN *con el alférez* ROBLEDO

GUZMÁN. Señor alférez Robledo,
póngase luego entredicho
a esa plática.
ROBLEDO. No puedo;
que, lo que sin miedo he dicho,
no lo desdigo por miedo.
O él se fue a renegar,
o hizo mal en dejar
su presidio en tiempos tales.
GUZMÁN. De los hombres principales
no se debe así hablar.
El renegar no es posible,
y si en ello os afirmáis,
mentís. *(Meten mano.)*
ROBLEDO. ¡Oh trance terrible!
GUZMÁN. Ahora sí que os halláis
en más dudoso imposible,
si queréis satisfaceros.

Entran el CONDE DE ALCAUDETE *y* DON MARTÍN DE CÓRDOBA, *acompañados*

CONDE. ¡Paso! ¡Tenéos, caballeros!
¿Por qué ha sido la pendencia?
GUZMÁN. ¡Más agudo es de conciencia
este hidalgo que de aceros!
Ha afirmado que se es ido
a renegar don Fernando,
y ¡vive Dios! que ha mentido,
y mentirá cada y cuando
lo diga.
CONDE. ¡Descomedido!
Llévenle luego a una torre.
GUZMÁN. Ni me afrenta ni me corre
este agravio porque nace
de la justicia que hace
el que su amigo socorre.
CONDE. Vaya el alférez también,

	y mientras que el cerco pasa,
	hagan treguas.
ROBLEDO.	Hazme un bien:
	que sea la torre mi casa.
D. MARTÍN.	Sí, porque juntos no estén.

(Llevan al alférez.)

UNO.	Señor, la guarda ha descubierto ahora
	un bajel por la banda de Poniente.
D. MARTÍN.	¿Qué vela trae?
UNO.	Entiendo que latina.
CONDE.	Vamos a recibirle a la marina.

JORNADA SEGUNDA

Los que hablan en ella son:

ARLAXA.
DON FERNANDO.
OROPESA.
NACOR.
VOZMEDIANO, *anciano.*
DOÑA MARGARITA, *doncella, en hábito de hombre.*
BUITRAGO.
DON MARTÍN.
EL CONDE.
GUZMÁN, *el capitán.*
ALIMUZEL.
BAIRÁN, *renegado.*
UN MORO.

Salen ARLAXA, DON FERNANDO *y* OROPESA

ARLAXA. ¿Cómo te llamas, cristiano,
que tu nombre aún no he sabido?
D. FERNANDO. Es mi nombre Juan Lozano;
nombre que es bien conocido
por el distrito africano.
ARLAXA. Nunca le he oído decir.
D. FERNANDO. Pues él suele competir
con el del bravo Fernando.
ARLAXA. ¡Mucho te vas alabando!
D. FERNANDO. Alábome sin mentir.
ARLAXA. ¿Pues qué hazañas has tú hecho?
D. FERNANDO. He hecho las mismas que él,
con el mismo esfuerzo y pecho,
y ya me he visto con él
en más de un marcial estrecho.
ARLAXA. ¿Es tu amigo?
D. FERNANDO. Es otro yo.
ARLAXA. ¿Por ventura, di, salió
a combatir con mi moro?
D. FERNANDO. Siempre de bravo el decoro
en todo trance guardó.
ARLAXA. De ese modo, Alí es cobarde.

D. FERNANDO. Eso no; que pudo ser
salir don Fernando tarde,
cuando no pudiese hacer
Alí de su esfuerzo alarde.
E imagino que este moro
jarife no con decoro
de amigo, a Muzel da culpa.

ARLAXA. De su esfuerzo y de su culpa
toda la verdad ignoro.

D. FERNANDO. Haz cuenta que te trae preso
a Fernando tu Muzel;
¿qué piensas hacer por eso?

ARLAXA. Estimaré mucho en él
de su esfuerzo el grande exceso.
Tendré en menos al cristiano,
cuyo nombre sobrehumano
me incita y mueve el deseo
de verle.

OROPESA. Pues yo le veo
en sólo ver a Lozano.

ARLAXA. ¿Qué, tanto se le parece?

OROPESA. Yo no sé qué diferencia
entre los dos se me ofrece;
ésta es su misma presencia,
y el brazo que le engrandece.

ARLAXA. ¿Qué hazañas ha hecho ese hombre
para alcanzar tan gran nombre
como tiene?

OROPESA. Escucha una
de su esfuerzo y su fortuna,
que podrá ser que te asombre.
Dio fondo en una caleta
de Argel una galeota,
casi de Orán cinco millas,
poblada de turcos toda.
Dieron las guardas aviso
al general, y, con tropa
de hasta trescientos soldados
se fue a requerir la costa.
Estaba el bajel tan junto
de tierra, que se le antoja
dar sobre él: ved qué batalla
tan nueva y tan peligrosa.
Dispararon los soldados
con prisa una vez y otra;
tanto, que dejan los turcos
casi la cubierta sola.
No hay ganchos para acercar

a tierra la galeota;
pero el bravo don Fernando
ligero a la mar se arroja.
Ase recio de la gúmena,
que ya el turco aprisa corta,
porque no le dan lugar
de que el áncora recoja.
Tiró hacia sí con tal fuerza
que, cual si fuera una góndola,
hizo que el bajel besase
el arena con la popa.
Salió a tierra, y de ellá un salto
dio al bajel, cosa espantosa,
que piensa el turco que el cielo
cristianos llueve, y se asombra.
Reconocido su miedo,
don Fernando, con voz ronca
de la cólera y trabajo,
grita: «¡Victoria, victoria!»
La voz da al viento, y la mano
a la espada victoriosa,
con que matando e hiriendo
corrió de la popa a proa.
Él solo rindió el bajel;
mira, Arlaxa, si ésta es obra
para que la fama diga
los bienes que de él pregona.
Probado han bien sus aceros
los lindos de Melïona,
los elches de Tremecén
y los leventes de Bona.
Cien moros ha muerto en trances,
siete en estacada sola,
doscientos sirven al remo,
ciento tiene en las mazmorras.
Es muy humilde en la paz,
y en la guerra no hay persona
que le iguale, ya cristiana,
o ya que sirva a Mahoma.

ARLAXA. ¡Oh, qué famoso español!

OROPESA. Hércules, Héctor, Roldán
se hicieron en su crisol.

ARLAXA. Mejor no le ha visto Orán.

OROPESA. Ni tal no le ha visto el sol.

Entra NACOR

ARLAXA. Aqueste Nacor me enfada;
no me dejéis sola.

OROPESA. Honrada
te le muestra y comedida.
D. FERNANDO. Da a sus razones salida;
que espere, y no espere en nada.
NACOR. Hermosa Arlaxa, yo estoy
resuelto en traerte preso
al cristiano, y así, voy
a Orán luego.
ARLAXA. Buen suceso
y agüero espero y te doy,
porque irás en gracia mía,
y en verte tomó alegría
desusada el corazón.
NACOR. Tienes, Arlaxa, razón,
que yo la tendré algún día
de rogarte que me quieras.
ARLAXA. Déjate agora de burlas,
pues partes a tantas veras.
D. FERNANDO. Hará Nacor si no burlas,
sus palabras verdaderas;
que amante favorecido
es un león atrevido,
y romperá, por su dama,
por la muerte y por la llama
del fuego más encendido.
OROPESA. Concluyeras tú esta empresa
harto o mejor que no él.
D. FERNANDO. Calla y excusa, Oropesa.
NACOR. Ya en este caso, Muzel
por vencido se confiesa,
pues no hace diligencia
por traer a tu presencia
el que yo te traeré presto.
ARLAXA. Pártete, Nacor, con esto,
que gusto y te doy licencia.
NACOR. Dame las manos, señora,
por el favor con que animas
al alma que más te adora.
ARLAXA. En poco, Nacor, te estimas,
pues te humillas tanto agora.
Eres jarife; levanta,
que verte a mis pies me espanta.
¿Qué dirá de esto Mahoma?
NACOR. Estos rendimientos toma
él por cosa buena y santa.
Queda en paz. (*Vase* NACOR.)
ARLAXA. Vayas con ella,

que con el fin de este trance
le tendrá el de tu querella.

D. FERNANDO. ¡Echado ha el moro buen lance!

OROPESA. Ella es falsa cuanto es bella.

ARLAXA. Venid, que habemos de ir
los tres a ver combatir
a mis amantes valientes.

OROPESA. Si nos vieren ir las gentes,
tarde nos verán venir.

Vanse, y salen VOZMEDIANO, *anciano, y* DOÑA MARGARITA, *en hábito de hombre*

VOZMEDIANO. ¿Prisa por llegar a Orán
y prisa por salir de él?
¡Muy bien nuestras cosas van!

D.ª MARGAR. Préciase Amor de cruel,
y tras uno da otro afán.

VOZMEDIANO. Ya os he dicho, Margarita,
que su daño solicita
quien camina tras un ciego.

D.ª MARGAR. Ayo y señor, yo no niego
que esta razón es bendita;
pero ¿qué puedo hacer,
si he echado la capa al toro
y no la puedo coger?

VOZMEDIANO. Menos te la podrá un moro,
si bien lo miras, volver.

D.ª MARGAR. ¿Que sea moro don Fernando?

VOZMEDIANO. Así lo van pregonando
los niños por la ciudad.

D.ª MARGAR. ¡Que haya hecho tal maldad!
¡De cólera estoy rabiando!
No lo creo. Vozmediano.

VOZMEDIANO. Haces bien; pero yo veo
que ni moro ni cristiano,
parece.

D.ª MARGAR. Verle deseo.

VOZMEDIANO. Siempre tu deseo es vano.

D.ª MARGAR. Quiérelo así mi ventura;
pero no será tan dura
que no dé fin a mis penas
con darme en estas arenas
berberisca sepultura.

VOZMEDIANO. No dirás, señora, al menos,
que no te he dado consejos
de bondad y de honor llenos.

D.ª MARGAR. Los prudentes y los viejos
siempre dan consejos buenos;

pero no ve su bondad
la loca y temprana edad,
que en sí misma se embaraza,
ni cosa prudente traza
fuera de su voluntad.

Entra BUITRAGO *con la demanda*

BUITRAGO. Vuestras mercedes me den
para las ánimas luego,
que les estará muy bien.
D.ª MARGAR. Si ellas arden en mi fuego.
VOZMEDIANO. Pasito, Anastasio, ten;
no digas alguna cosa
malsonante, aunque curiosa.
D.ª MARGAR. Váyase, señor soldado,
que no tenemos trocado.
BUITRAGO. ¡La respuesta está donosa!
Denme, pese a mis pecados.
¡Siempre yo de aquesta guisa
medro con almidonados!
Denme, que vengo de prisa,
y ellos están muy pausados.
¡Oh, qué novatos que están
de lo que se usa en Orán
en esto de las demandas!
Descoja sus manos blandas
y dé limosna, galán.
¿Qué me mira? Acabe ya;
eche mano, y no a la espada,
que su tiempo se vendrá.
VOZMEDIANO. La limosna que es rogada
más fácilmente se da
que la que se pide a fuerza.
BUITRAGO. Úsase en aquesta fuerza
de Orán pedirse de este arte;
que son las almas de Marte,
y piden siempre con fuerza.
Nadie muere aquí en el lecho
a almidones y almendradas,
a pistos y purgas hecho;
aquí se muere a estocadas
y a balazos roto el pecho.
Bajan las almas feroces
tan furibundas y atroces,
que piden que acá se pida
para su pena afligida
a cuchilladas y a voces.
En fin, las almas de Orán

que tienen comedimiento,
aunque en purgatorio están,
dicen que vuelva en sustento
la limosna que me dan.
A la parte voy con ellas,
remediando sus querellas
a fuerza de avemarías,
y mis hambrientas porfías
con lo que me dan para ellas.

VOZMEDIANO. Hermano, yo no os entiendo,
y no hay limosna que os dar.

BUITRAGO. ¡De gana me voy riendo!
¿Y adónde se vino a hallar
el parentesco tremendo?
¿Hace burla en ver el traje,
entre pícaro y salvaje?
Pues sepa que este sayal
tiene encubierto algún ál
que puede honrar un linaje.
El conde es éste, ¡qué pieza!,
que, cuando me da, le dan
mil vaguidos de cabeza.
Pobretas almas de Orán,
que estáis en vuestra estrecheza,
rogad a Dios que me den,
porque si yo como bien,
rezaré más de un rosario,
y os haré un aniversario
por siempre jamás. Amén.

Entran el CONDE, DON MARTÍN, *el capitán* GUZMÁN *y* NACOR

NACOR. Digo, señor, que entregaré sin duda
la presa que he contado fácilmente
en el silencio de la noche muda
con muy poquito número de gente;
y porque al hecho la verdad acuda,
las manos a un cordel daré obediente;
dejaréme llevar, siendo yo guía
que os muestre el aduar antes del día.
Y sólo quiero de esta rica presa,
por quien mi industria y mi traición trabaja,
un cuerpo que a mi alma tiene presa:
quiero a la bella sin igual Arlaxa.
Por ella tengo tan infame empresa
por ilustre, por grande, y no por baja;
que, por reinar y por amor, no hay culpa
que no tenga perdón y halle disculpa.

No siento ni descubro otro camino,
para ser posesor de aquesta mora,
que hacer este amoroso desatino,
puesto que en él crueldad y traición mora.
Ámola por la fuerza del destino
y aunque mi alma su beldad adora,
quiérola cautivar para soltarla,
por si puedo moverla u obligarla.

CONDE. No estamos en sazón que nos permita
sacar de Orán un mínimo soldado;
que el cerco que se espera solicita
que ponga en otras cosas mi cuidado.

NACOR. La victoria en la palma traigo escrita;
en breves horas te daré acabado,
sin peligro, el negocio que he propuesto;
si presto vamos, volveremos presto.

CONDE. Esta tarde os daré, Nacor, respuesta;
esperad hasta entonces.

Soy contento.

(*Vase* NACOR.)

D. MARTÍN. Empresa rica y sin peligro es ésta,
si cierta fuese.

GUZMÁN. Yo por tal la cuento;
hace la lengua al alma manifiesta.
Declarado ha Nacor su pensamiento
con tal demostración, con tal afeto,
que, si vamos, el saco me prometo.

D. MARTÍN. Cubre el traidor sus malas intenciones
con rostro grave y ademán sincero,
y adorna su traición con las razones
de que se precia un pecho verdadero.
De un Sinón aprendieron mil Sinones,
y así, el que es general, al blando o fiero
razonar del contrario no se rinde
sin que primero la intención deslinde.

CONDE. Hermano, así se hará; no tengáis miedo
que yo me arroje o precipite en nada.
¿Hicistes ya las treguas con Robledo,
y queda ante escribano confirmada?

D. MARTÍN. Gran cólera tenéis, Guzmán.

GUZMÁN. No puedo
tenerla en la ocasión más enfrenada.

CONDE. Podréis darle la rienda entre enemigos,
y es prudencia cogerla con amigos.
Pues, Buitrago, ¿qué hacemos?

BUITRAGO. Aquí asisto
procurando sacar de aqueste esparto

jugo de algún plus ultra, y no le he visto
siquiera de una tarja ni de un cuarto.
Así guardan la ley de Jesucristo
aquéstos, como yo cuando estoy harto,
que no me acuerdo si hay cielo ni tierra;
sólo a mi vientre acudo y a la guerra.

D.ª MARGAR. Pide limosna en modo este soldado
que parece que grita o que reniega,
y yo estoy en España acostumbrado
a darla a quien por Dios la pide y ruega.

BUITRAGO. Quiérosela pedir arrodillado;
veré si la concede o si la niega.

VOZMEDIANO. Ni tanto, ni tan poco.

BUITRAGO. Soy cristiano.

D.ª MARGAR. ¿Ya no le han dicho que no hay blanca, her-
[mano?

BUITRAGO ¡Hermano! ¡Lleve el diablo el parentesco
y el ladrón que le halló la vez primera!
Descosa, pese al mundo ese gregüesco,
desgarre esa olorosa faltriquera.
De aquestas pinturitas a lo fresco,
¿qué se puede esperar?

VOZMEDIANO. Ésa es manera
de hacer sacar la espada y no el dinero.

CONDE. ¡Paso, Buitrago!

D.ª MARGAR. ¡A fe de caballero!

D. MARTÍN. No os enfadéis, galán, que de este modo
se pide la limosna en esta tierra;
todo es aquí braveza; es aquí todo
rigor y duros términos de guerra.

BUITRAGO. Y yo, que a lo de Marte me acomodo,
a lo de Dios es Cristo doy por tierra
con todo el bodegón, si con floreos
responden a mis gustos y deseos.

D. MARTÍN. En fin, ¿que aqueste galán
es de Jerez?

VOZMEDIANO. Y de nombre,
de los buenos que allí están,
e hijo, señor, de un hombre
que en Francia fue capitán.
Quedó rico y con hacienda;
dejómele a mí por prenda
mi hermana, que fue su madre,
y yo quise que del padre
siguiese la honrada senda.
Supe el cerco que se espera,
y con su gusto le truje,
que sin él no le trajera.

y a esta dura le reduje
de su vida placentera;
que, en los grados de alabanza,
aunque pervierta la usanza
el adulador liviano,
no alcanza un gran cortesano
lo que un buen soldado alcanza.

CONDE. Así es verdad, y agradezco
venida de tales dos,
y a servírosla me ofrezco.

BUITRAGO. ¡Que no me darán por Dios
lo que por mí no merezco!
¡Voto a Cristóbal del Pino,
que si una vez me amohíno,
que han de ver quién es Callejas!
Busquen alivio a sus quejas,
almas, por otro camino.
Buscaréle yo también
para mi hambre insolente,
o me den, o no me den;
que nunca muere un valiente
de hambre.

D. MARTÍN. Dices muy bien.

BUITRAGO. No digo sino muy mal.
¿Es eso por excusarse
de no sacar un real?

CONDE. Vamos, que ya de enojarse
Buitrago nos da señal,
y no quiero que lo esté.

(*Vanse el* CONDE *y* DON MARTÍN.)

BUITRAGO. Con aqueso comeré.
¡No fuera yo motilón
o mozo de bodegón,
y no soldado!

D.ª MARGAR. ¿Por qué?

BUITRAGO. Yo me entiendo, so galán;
vaya y guarde su dinero.
¡Adiós, mi señor Guzmán!

GUZMÁN. No, no; convidaros quiero;
¡por vida del capitán!
Venid, Buitrago, conmigo.

BUITRAGO. En seguirte sé que sigo
a un Alejandro y a un Marte.

(*Vanse el Capitán y* BUITRAGO.)

D.ª MARGAR. Señor, llégate a esta parte,
que tengo que hablar contigo.
Resuelta estoy.

VOZMEDIANO. En tu daño.
D.ª MARGAR. No me atajes; déjame
relatar mi mal extraño.
VOZMEDIANO. ¿Ya no sabes que lo sé,
por mi mal, más ha de un año?
D.ª MARGAR. Dime, señor: ¿tú no sientes
que con nuevos accidentes
cada día amor me embiste?
VOZMEDIANO. Y sé que no los resiste
tu alma, pues los consientes.
D.ª MARGAR. Déjate de aconsejarme,
y dame ayuda, si quieres;
que lo demás es matarme.
VOZMEDIANO. Por quien soy y por quien eres,
siempre te oiré sin cansarme,
y siempre te ayudaré,
porque a ello me obligué
cuando de venir contigo
como ayo y como amigo
te di la palabra y fe.
Di, en fin: ¿qué piensas hacer?
D.ª MARGAR. Yo, por soldado a esta empresa,
con extraño parecer,
pues procuraré ser presa,
puesto que vaya a prender.
Procuraré ser cautiva;
que de la dura y esquiva
tormenta que siente el alma,
el sosiego, gusto y palma
en disparates estriba.
Sabré cautiva de quien
me cautivó sin sabello,
pensando de hacerme bien;
daré al moro perro el cuello,
porque a mí alma me den.
Que no es posible sea moro
quien guardó tanto el decoro
de cristiano caballero;
y si fuese esclavo, quiero
dar por él mil montes de oro.
De que los halle no dude
nadie: que el cielo al deseo
del aflicto siempre acude.
VOZMEDIANO. El gran Dios de ese deseo
impertinente te mude.
D.ª MARGAR. ¿Habrá más de rescatarme,
dando tiempo al informarme
de lo que voy a saber?

Que en el mal de irme a perder
consiste el bien de ganarme.
Venid, señor Vozmediano;
negociaréis mi salida
con el escuadrón cristiano.

VOZMEDIANO. ¿Dónde quieres ir, perdida?

D.ª MARGAR. Aconsejarme es en vano.

VOZMEDIANO. Yo haré con su señoría
que se oponga a tu partida.

D.ª MARGAR. Si esto me impedís, señor,
haré otro yerro mayor,
con que lloréis más de un día.
Echada está ya la suerte;
yo he de seguir mi destino,
aunque me lleve a la muerte.

VOZMEDIANO. Del amor el desatino
cualquier bien en mal convierte.
¡En mal punto me encargué
de ti! ¡En mal punto dejé
la patria por tus antojos!

D.ª MARGAR. Tal vez, tras nubes de enojos,
de esperanza el sol se ve.

Vanse, y salen ARLAXA, ALIMUZEL, OROPESA *y* DON FERNANDO

ARLAXA. ¿Adónde está Alimuzel?
Oropesa, ¿do te has ido?
Y mi Lozano, ¿qué es de él?
¡Cielo, escucha mi gemido;
no te me muestres cruel!

ALIMUZEL. Bella Arlaxa, aquí me tienes.

ARLAXA. Amigo, a buen tiempo vienes.

OROPESA. ¿Qué es lo que mandas, señora?

ARLAXA. Vengas, amigo, en buen hora.
Lozano, ¿en qué te detienes?

D. FERNANDO. Aquí estoy, señora mía.
¿Qué me mandas? Dilo, acaba.

ARLAXA. ¡Desdichada dicha mía!

ALIMUZEL. ¿Qué has, Arlaxa?

ARLAXA. Yo soñaba
que esta noche, al alba fría,
daban sobre este aduar
cristianos y, a mi pesar
Nacor me llevaba presa,
y desperté con la priesa
del asalto y del gritar,
y he venido a socorrerme
de vosotros con el miedo
que el sueño pudo ponerme.

y, aunque os veo, apenas puedo
sosegarme ni valerme.
Tengo a Nacor por traidor,
y no me deja el temor
fiar de vuestra lealtad.

ALIMUZEL. No son los sueños verdad;
no tengas miedo, mi amor;
y si lo son, juzga y piensa
que a tu lado hallarás
quien no consienta tu ofensa.

ARLAXA. Contra el hado es por demás
que valga humana defensa.

D. FERNANDO. No te acongojes, señora,
que si llegare la hora
de verte en aquese aprieto,
librarte de él te prometo
por el Dios que mi alma adora.
Si no quedase cristiano
en Orán, y aquí viniese
tan arrojado y ufano
que la victoria tuviese
tan cierta como en la mano,
será ésta mía bastante
para que el más arrogante
vuelva humilde y sin despojos.
Tiemple aquesto tus enojos,
no pase el miedo adelante,
que haré más de lo que digo;
y de que prometo poco,
mis obras serán testigo.

OROPESA. O está don Fernando loco,
o es ya de Cristo enemigo.
Pelear contra cristianos
promete. Venid, hermanos,
que yo, con mejor conciencia,
pasaré la diligencia
a los pies, y no a las manos.

D. FERNANDO. Alí, dame tú una espada
y un turbante, con que pueda
la cabeza estar guardada.

OROPESA. Señora, ¿dónde se queda
tu condición arrojada?
Ahora verás hender,
herir, matar y romper.
Deja venir al cristiano.

ARLAXA. Es accidental y vano
tal deseo en la mujer,
y fácilmente se trueca;

y antes que la espada, agora
tomaría vez la rueca.

ALIMUZEL. El que te ofende, señora,
contra todo el mundo peca.
Ven, cristiano, a tomar armas.

OROPESA. Mira contra quién te armas,
Lozano.

D. FERNANDO. ¡Calla, Oropesa!

OROPESA. En armarte a tal empresa,
de tu valor te desarmas. *(Éntranse todos.)*

Sale NACOR, *atadas las manos atrás con un cordel, y tráenle* BUITRAGO, *el capitán* GUZMÁN, DOÑA MARGARITA *y otros soldados con sus arcabuces.*

NACOR. Valeroso Guzmán, éste es, sin duda
el vendido aduar, el paraíso
do está la gloria que mi alma busca.
Con la caballería, como es uso,
le puedes coronar a la redonda,
porque apenas escape un solo moro.

GUZMÁN. No tengo tanta gente para tanto.

NACOR. Cerca, pues por lo menos, esta parte,
que responde derecha a una montaña,
que está cerca de aquí donde, sin duda,
harán designio de acogerse cuantos
sobresaltados fueren esta noche.

GUZMÁN. Dices muy bien.

NACOR. Pues manda que me suelten,
por que vaya a buscar el grande premio
que pide la amorosa traición mía.

BUITRAGO. Eso no, ¡vive Dios!, hasta que vea
cómo se entable el juego, ¡so Mahoma!
Estése atraillado como galgo,
porque hasta ver las liebres no le suelto.

NACOR. Señor Guzmán, agravio se me hace.

GUZMÁN. Buitrago, suéltale, y adiós, y embiste.

BUITRAGO. Contra mi voluntad le suelto. Vaya.

NACOR. Venid, que yo pondré la gente en orden
de modo que no haya algún desorden.

Vanse, y queda sola DOÑA MARGARITA

D.ª MARGAR. ¡Pobre de mí! ¿Dónde quedo?
¿Adónde me trae la suerte,
confusa y llena de miedo?
¿Qué cosa haré con que acierte,
si ninguna cosa puedo?
¡Oh amoroso desvarío,

que ciegas el albedrío
y la razón tienes presa!
¿Qué sacaré de esta empresa,
de quién temo y de quién fío?
Soy mariposa inocente
que, despreciando el sosiego
simple y presurosamente
me voy entregando al fuego
de la llama más ardiente.
Estos pasos son testigos
que huyo de los amigos,
y, llena de ceguedad,
de mi propia voluntad
me entrego a los enemigos.

Suena dentro: «¡Arma, arma! ¡Santiago, cierra, cierra España, España!» Salga al teatro NACOR, *abrazado con* ARLAXA, *y a su encuentro,* BUITRAGO.

BUITRAGO. ¡Por aqueste portillo se desagua
el aduar! ¡Soldados, aquí; amigos!
¡Tente, perro cargado; tente, galgo!
NACOR. Amigo soy, señor.
BUITRAGO. ¡No es este tiempo
para estas amistades! ¡Tente, perro!
NACOR. ¡Muerto soy, por Alá!
BUITRAGO. ¡Por San Benito,
que he pasado a Nacor de parte a parte,
y que ésta debe ser su amada ingrata!
ARLAXA. Cristiano, yo me rindo; no ensangrientes
tu espada en mujeril sangre mezquina.
Llévame do quisieres.

Sale ALÍ

ALIMUZEL. La voz oigo
de Arlaxa bella, que socorro pide.
¡Ah, perro, suelta!
BUITRAGO. ¡Suéltala tú, podenco sin provecho!
¿No hay quién me ayude aquí?
ARLAXA. Mientras pelean
aquestos dos, podrá ser escaparme,
si acaso acierto de tomar la parte
que lleva a la montaña.
D.ª MARGAR. Si me guías,
seré tu esclava, tu defensa y guarda
hasta ponerte en ella. Ven, señora.

Vanse ARLAXA *y* DOÑA MARGARITA. *Salen* DON FERNANDO *y* GUZMÁN

BUITRAGO. ¡Ánimas de purgatorio,
favorecedme, señoras,
que mi peligro es notorio,
si ya no estáis a estas horas
durmiendo en el dormitorio!
De vuestro divino aliento
con mayor fuerza me siento.
¡Perro, el huir no te cale!
¡Ahora verán si vale
Buitrago por más de ciento!

(Éntrase ALÍ *y* BUITRAGO *tras él.)*

GUZMÁN. ¡O eres diablo, o no eres hombre!
¿Quién te dio tal fuerza, perro?
D. FERNANDO. No os admire ni os asombre,
Guzmán que haga este yerro
quien respeta vuestro nombre.
GUZMÁN. ¿Sois, a dicha, don Fernando?
D. FERNANDO. El mismo que estáis mirando,
aunque no me veis, amigo.
GUZMÁN. ¿Sois ya de Cristo enemigo?
D. FERNANDO. Ni de veras, ni burlando.
GUZMÁN. ¿Pues cómo sacas la espada
contra él?
D. FERNANDO. Vendrá sazón
más llana y acomodada
en que te dé relación
de mi pretensión honrada.
Cristiano soy, no lo dudes.
GUZMÁN. ¿Por qué a defender acudes
este aduar?
D. FERNANDO. Porque encierra
la paz que causa esta guerra,
la salud de mis saludes.
Dos prendas has de dejar,
y carga, amigo, con todo
cuanto hay en este aduar.
GUZMÁN. A tu gusto me acomodo,
no quiero más preguntar;
pero, por que no se diga
que tengo contigo liga,
tú, pues bastas, lo defiende.

Vase GUZMÁN, *y vuelven* BUITRAGO *y* ALIMUZEL

BUITRAGO. En vano, moro, pretende
tu miedo que no te siga,
que tengo para ofenderte

dos manos y dos mil almas,
que a mis pies han de ponerte.

D. FERNANDO. Otros despojos y palmas
puedes, amigo, ofrecerte,
que éste no.

ALIMUZEL. Deja, Lozano;
que este valiente cristiano
en grande aprieto me ha puesto.

D. FERNANDO. Ve tú a socorrer el resto,
y éste déjale en mi mano,
que yo daré cuenta dél.

ARLAXA. *(Dentro.)*
¡Lozano, que voy cautiva!
¡Que voy cautiva, Muzel!

ALIMUZEL. ¡Fortuna, a mi suerte esquiva,
cielo envidioso y cruel,
ejecutad vuestra rabia
en mi vida, si os agravia;
dejad libre la de aquélla,
que os podéis honrar con ella
por hermosa, honesta y sabia!

Sale ARLAXA, *defendiéndola* DOÑA MARGARITA *del capitán* GUZMÁN *y de otros tres soldados*

D. FERNANDO. ¡Todos sois pocos soldados!

GUZMÁN. Ésta es la mora en quien tiene
don Fernando sus cuidados;
dejársela me conviene. *(Vase.)*

BUITRAGO. Aquí hay moros encantados
o cristianos fementidos,
que ha llegado a mis oídos,
creo, el nombre de Lozano.

D. FERNANDO. Vuestro trabajo es en vano,
cristianos mal advertidos,
que esta mora no ha de ir presa.
Entrad en el aduar
y hallaréis más rica presa.

BUITRAGO. ¡De ésta irás a señalar,
perro, el tanto de tu fuesa!

ALIMUZEL. ¡Muerto soy; Alá me ayude!

ARLAXA. ¡Acude, Lozano, acude,
que han muerto a tu grande amigo!

(Cae ALÍ *dentro, y éntrase* ARLAXA *tras él)*

D. FERNANDO. Vengaréle en su enemigo,
aunque de intención me mude.
¡No te retires; aguarda!

BUITRAGO. ¿Yo retirar? ¡Bueno es eso!

Si tuviera una alabarda,
le partiera hasta el hueso.
¡Oh, cómo el perro se guarda!

D. FERNANDO. Este que va a dar el pago
de tus bravatas, Buitrago,
mejor cristiano es que tú.

BUITRAGO. ¡Que te valga Belcebú,
y a mí Dios y Santiago!
Di quién eres, que, sonando
el eco, me trae con miedo
la habla de don Fernando.

D. FERNANDO. El mismo soy.

BUITRAGO. ¡Oh Robledo
verdadero y memorando,
y cuánta verdad dijiste!
Sin razón le desmentiste,
Guzmán atrevido y fuerte.
Yo quiero huir de la muerte
que en esas manos asiste.

D. FERNANDO. ¿Cómo, di, tú no peleas?
¿Te retiras, o te vas
antes que tu prisión veas?

D.ª MARGAR. ¡Extraños consejos das
a quien la muerte deseas!
Mas no puedo retirarme
ni pelear, y he de darme
de cansado a moras manos,
que se van ya los cristianos,
y tú no querrás dejarme.

Dentro, diga GUZMÁN:

GUZMÁN. ¡Al retirar, cristianos! ¡Toca, Robles!
¡A retirar, a retirar, amigos!
No se quede ninguno, y los cansados,
a las ancas los suban los jinetes,
y en la mitad del escuadrón recojan
la presa. ¡Al retirar, que viene el día!

D. FERNANDO. Yo te pondré en las ancas de un caballo
de los tuyos, amigo; no desmayes.

D.ª MARGAR. Mayor merced me harás si aquí me dejas.

D. FERNANDO. ¿Quieres quedar cautivo por tu gusto?

D.ª MARGAR. Quizá mi libertad consista en eso.

D. FERNANDO. ¿Hay otros dos Fernandos en el mundo?
Demos lugar que los cristianos pasen;
retiraos a esta parte.

D.ª MARGAR. Yo no puedo.

D. FERNANDO. Dadme la mano, pues.

D.ª MARGAR. De buena gana.

D. FERNANDO. ¡Jesús, y qué desmayo!
D.ª MARGAR. Gentilhombre,
¿lleváisme a los cristianos, o a los moros?
D. FERNANDO. A los moros os llevo.
D.ª MARGAR. No querría
que fuésedes cristiano y me engañásedes.
D. FERNANDO. Cristiano soy; pero, ¡por Dios!, que os llevo
a entregar a los moros.
D.ª MARGAR. ¡Dios lo haga!
D. FERNANDO. De novedades anda el mundo lleno.
¿Estáis herido acaso?
D.ª MARGAR. No estoy bueno.
(Vanse.)

Sale OROPESA, *cargado de despojos*

OROPESA. No sino estaos atenido
a los consejos de un loco,
enamorado y perdido.
Mucho llevo en esto poco;
voy libre y enriquecido.
Ya en mi libertad contemplo
un nuevo y extraño ejemplo
de los casos de fortuna,
y adornarán la coluna
mis cadenas de algún templo.

Salen el CONDE *y* DON MARTÍN, *y* BAIRÁN, *el renegado*

BAIRÁN. Digo, señor, que la venida es cierta,
y que este mar verás y esta ribera,
él de bajeles lleno, ella cubierta
de gente innumerable y vocinglera.
De Barbarroja el hijo se concierta
con Alabez y el Cuco, de manera
que en su favor más moros dan y ofrecen
que en clara noche estrellas se parecen.
Los turcos son seis mil, y los leventes
siete mil, toda gente vencedora;
veinte y seis las galeras, suficientes
a traer municiones de hora en hora.
Andan en pareceres diferentes
sobre cuál de estas plazas se mejora
en fortaleza y sitio, y creo se ordena
de dar a San Miguel la buena estrena.
Esto es, señor, lo que hay del campo moro,
y en Argel el armada queda a punto,
y Azán, el rey, guardando su decoro,
que es diligente, la traerá aquí al punto.
CONDE. De sus designios poco o nada ignoro;

mas por tu relación cuerda barrunto
que a San Miguel el bárbaro amenaza,
como más flaca, aunque importante plaza.
Pero, puesto le tengo en tal reparo,
tales soldados dentro de él he puesto,
que al bárbaro el ganarle será caro
muy más que en su designio trae propuesto.
Idos a reposar, mi amigo caro,
y el agradecimiento y paga de esto
esperadla de mí, con la ventaja
que aquel merece que cual vos trabaja.

(*Vase* BAIRÁN.)

¿No tarda ya Guzmán?

D. MARTÍN. Las centinelas
le han descubierto ya.

CONDE. Venga en buen hora.

D. MARTÍN. Su premio habrá Nacor de sus cautelas
cobrado, su adorada ingrata mora.
¡Amor, como otro Marte nos desvelas;
furia y rigor en tus entrañas mora;
hasta las religiosas almas dañas,
y fundas en traiciones tus hazañas!

Entran el capitán GUZMÁN, OROPESA, BUITRAGO, VOZMEDIANO *y otros soldados*

GUZMÁN. Tus manos pido, y de las mías toma,
o, por mejor decir, de tus soldados,
amorosos despojos de Mahoma.
Volvemos, como fuimos, alentados,
mejorados en honra y buena fama,
y en ropa y en esclavos mejorados.
Nacor, no trae a su hermosa dama;
que Buitrago apagó con fuerte acero
del moro infame la amorosa llama.

BUITRAGO. Paséle, por la fe de caballero,
por entrambas ijadas, ignorando
que fuese el que el aviso dio primero;
y si no lo estorbara don Fernando,
diera con más de dos patas arriba,
que con él se me fueron escapando.

CONDE. ¿Qué, en fin se volvió moro?

OROPESA. No se escriba,
se diga o piense tal de quien su intento
en ser honrado y valeroso estriba.
Yo sé de don Fernando el pensamiento,
y sé que presto volverá a servirte
con las veras que ofrece su ardimiento.

GUZMÁN. Que él es cristiano, sé, señor, decirte;
que él se nombró conmigo combatiendo.
D. MARTÍN. ¿Y procuraba, por ventura, herirte?
GUZMÁN. Con tiento pareció que iba esgrimiendo,
y palabras me dijo en el combate
por quien fui sus designios conociendo.
D. MARTÍN. De este caso, señores, no se trate;
ya, por lo menos, ha caído en culpa,
y no hay disculpa a tanto disparate.
CONDE. Salió sin mi licencia, ya le culpa,
y más el escalar de la muralla,
insulto que jamás tendrá disculpa.
GUZMÁN. Precipitóle honor; vistió la malla
por conservar su crédito famoso;
huyóle el moro; fue a buscar batalla.
D. MARTÍN. ¡Por cierto, oh buen Guzmán, que estáis donoso!
Pues ¿cómo no se ha vuelto, o cómo muestra
contra cristianos ánimo brioso?
OROPESA. Él dará presto de su intento muestra,
sacando, en gloria de la ley cristiana,
a luz la fuerza de su honrada diestra.
CONDE. Venid; repartiré de buena gana
lo que de este despojo a todos toca;
que el gusto crece lo que así se gana.

Vanse, y quedan BUITRAGO *y* VOZMEDIANO

VOZMEDIANO. ¡Válgame Dios, si se quedó la loca,
si se quedó la sin ventura y triste,
que así su suerte y su valor apoca!
Dime, señor, si por ventura viste
aquel soldado que partió conmigo
cuando a la empresa do has venido fuiste;
aquel bisoño manicorto digo,
que no te quiso dar limosna un día
y habrá hasta seis que vino aquí conmigo.
BUITRAGO. ¿No es aquel del entono y bizarría,
de las plumas volantes y del rizo,
que me habló con remoques y acedía?
VOZMEDIANO. Aquese mismo.
BUITRAGO. No sé qué se hizo. *(Vase.)*
VOZMEDIANO. ¿Adónde estarás ahora,
moza por tus pies llevada
do todas miseria mora,
de mandar a ser mandada,
esclava de ser señora?
¿Que es posible que un deseo
incite a tal devaneo?
Y éste es, en fin, de tal ser.

que no lo puedo creer,
y con los ojos lo veo.

Salen ARLAXA, DON FERNANDO *y* DOÑA MARGARITA

D. FERNANDO. Para ser mozo y galán,
y al parecer bien nacido,
muchos desmayos os dan;
señal de que habéis comido
mucha liebre y poco pan.
Quien se rinde a su enemigo,
en sí presenta testigo
de que es cobarde.

D.ª MARGAR. Es verdad;
pero trae mi poca edad
grande disculpa consigo.
El que mis cuitas no siente,
hará de mi miedo alarde;
pero yo sé claramente
que hice más en ser cobarde
que no hiciera en ser valiente.
¡Desdichada de la vida
a términos reducida
que busca con ceguedad
en la prisión libertad
y a lo imposible salida!

ARLAXA. ¿Qué sabes si este soldado,
cual tú, tiene aquella queja
de valiente mal pagado?

D. FERNANDO. Fácil conocer se deja
que le aflige otro cuidado;
que sus años, cual él muestra,
no habrán podido dar muestra,
por ser pocos, de los hechos
que, por ser mal satisfechos,
muestran voluntad siniestra.
Y al ofrecerle caballo
para que volviese a Orán,
y el no querer acetallo,
unas sospechas me dan
que por su honra las callo.
Quizá la vida le enfada
soldadesca y desgarrada,
y como el vicio le doma,
viene tras la de Mahoma,
que es más ancha y regalada.

D.ª MARGAR. En mi edad, aunque está en flor,
he alcanzado y conocido
que no hay mal de tal rigor

que llegue a verse ofendido,
el que es honrado, en su honor.
Y más si culpa no tiene;
que cuando la infamia viene
a quien la busca y procura,
es menor la desventura
que la deshonra contiene.
Y así, me será forzoso
para huir la infamia y mengua
de mal cristiano y medroso,
que os descubra aquí mi lengua
lo que apenas pensar oso.
Si gustáis de estarme atentos,
veréis que paran los vientos
su veloz curso a escucharme,
y veréis que fue el quedarme
honra de mis pensamientos.

Entra ALIMUZEL

ALIMUZEL. El remedio que aplicaste,
bella Arlaxa, de tu mano
fue tal, que en él te mostraste
ser un ángel soberano
que a la vida me tornaste.
Conságrotela dos veces:
una porque la mereces,
y la otra te consagro
por el extraño milagro
con que tu fama engrandeces.

ARLAXA. Sosiégate y no me alabes,
que el médico ha sido Alá
de tus heridas tan graves.
Comienza, cristiano, ya
la historia que alegre acabes.

D.ª MARGAR. Sí haré; mas tú verás
en el cuento que me oirás,
que no dan los duros hados
a principios desdichados
alegres fines jamás.
Nací en un lugar famoso,
de los mejores de España,
de padres que fueron ricos
y de antigua y noble casta;
las cuales, como prudentes,
apenas mi edad temprana
dio muestras de entendimiento,
cuando me encierran y guardan
en un santo monasterio

de la virgen Santa Clara;
¡que soy mujer sin ventura,
que soy mujer desdichada!

ARLAXA. ¡Santo Alá! ¿Qué es lo que dices?

D.ª MARGAR. ¿De esto poquito te espantas?
Ten silencio, hermosa mora,
hasta el fin de mis desgracias,
que, aunque ellas jamás le tengan,
yo me animaré a contarlas,
si es posible, en breve espacio
y con sucintas palabras.
No me encerraron mis padres
sino para la crianza,
y fue su intención que fuese,
no monja, sino casada.
Faltáronme antes de tiempo;
que la inexorable Parca
cortó el hilo de sus vidas
para añadirle a mis ansias.
Quedé con sólo un hermano,
de condición tan bizarra,
que parece que en él sólo
hizo asiento la arrogancia.
Llegó la edad de casarme;
hiciéronle mil demandas
de mí; no acudió a ninguna,
fundándose en leves causas;
y entre los que me pidieron,
fue uno que con la espada
satisfizo a la respuesta,
según se la dieron mala.

(Suenan dentro atambores.)

ALIMUZEL. Escucha, que oigo clarines,
oigo trompetas y cajas;
algún escuadrón es éste
de turcos que hacia Orán marcha.

Entra un MORO

MORO. Si lo que dejó el cristiano
no quieres, hermosa Arlaxa,
no lo acaben de talar,
diez escuadrones que pasan,
ven, señora, a defenderlo;
que con tu presencia, Arlaxa,
pararás al Sol su curso
y suspenderás las armas.

ALIMUZEL. Bien dice, señora; vamos,
que lugar habrá mañana
para oír si aquesta historia
en fin triste o alegre acaba.

ARLAXA. Vamos, pues. Y vos, hermosa
y lastimada cristiana,
no os pene si a vuestras penas
el oírlas se dilata.

Vanse ARLAXA *y* ALÍ *tras ella, y* DOÑA MARGARITA *a lo último, y* DON FERNANDO *tras ella, y dicen antes:*

D.ª MARGAR. Como no tengo, señora,
ningún alivio en contarlas,
tenga a ventura el estorbo
que de tal silencio es causa.

D. FERNANDO. ¡Válgame Dios, qué sospechas
me van encendiendo el alma!
Muchas cosas imagino,
y todas me sobresaltan.
Desesperado, esperando
he de estar hasta mañana,
o hasta el punto que el fin sepa
de la historia comenzada.

JORNADA TERCERA

Los que hablan en ella son:

ARLAXA.
DOÑA MARGARITA.
VOZMEDIANO.
DON FERNANDO DE SAAVEDRA.
GUZMÁN.
BUITRAGO.
EL CONDE DE ALCAUDETE.
[DON FRANCISCO DE MENDOZA.]
DON MARTÍN.
DON JUAN DE VALDERRAMA.
ALIMUZEL.
ROAMA, *moro.*
AZÁN, *rey de Argel.*
[BAIRÁN.]
EL DEL CUCO.
EL DE ALABEZ.
Y acompañamiento.

Salen los REYES DEL CUCO *y* ALABEZ, DON FERNANDO, *de moro;* ALIMUZEL, ARLAXA *y* DOÑA MARGARITA

CUCO. Hermosísima Arlaxa, tu belleza
puede volver del mismo Marte airado
en mansedumbre su mayor braveza,
y dar leyes al mundo alborotado.

ALABEZ. Puedes, con tu extremada gentileza,
suspender los extremos del cuidado
que amor pone en el alma que cautiva,
y hacer que en gloria sosegada viva.

CUCO. Puede la luz de esos serenos ojos
prestarla al Sol y hacerle más hermoso;
puede colmar el carro de despojos
del dios antojadizo y riguroso.

ALABEZ. Puede templar la ira, los enojos
del amante olvidado y del celoso;
puedes, en fin, parar, sin duda alguna,
el curso volador de la fortuna.

ARLAXA. Nace de vuestra rara cortesía
la sin par que me dais dulce alabanza,

porque no llega la bajeza mía
adonde su pequeña parte alcanza.
Tendré por felicísimo este día,
pues en él toma fuerzas mi esperanza
de ver mis aduares mejorados,
viendo a sus robadores castigados.
Cien canastos de pan blanco apurado,
con treinta orzas de miel aún no tocada,
y del menudo y más gordo ganado
casi os ofrezco entera una manada;
dulce lebeni en zaques encerrado,
agrio yagurt. Y todo aquesto es nada
si mi deseo no tomáis en cuenta,
que en su virtud la dádiva se aumenta.

CUCO. Admitimos tu oferta, y prometemos
de vengarte de aquel que te ha ofendido;
que, en fe de haberte visto, bien podemos
mostrar el corazón algo atrevido.

ALABEZ. Arlaxa, queda en paz, porque tenemos
el tiempo limitado y encogido.

ARLAXA. Viváis alegres siglos e infinitos,
reyes del Cuco y Alabez invitos.

(*Vanse los* REYES.)

Vuelve a seguir tu comenzada historia,
cristiana, sin que dejes cosa alguna
que puedas reducir a la memoria
de tu adversa o tu próspera fortuna.

D.ª MARGAR. Pasadas penas en presente gloria
el contarlas la lengua no repu[g]na;
mas si el mal está en ser que se padece,
al contarle, la lengua se enmudece.
Quedé, si mal no me acuerdo,
en una mala respuesta
que dio mi bizarro hermano
a un caballero de prendas,
el cual, por satisfacerse,
muy malherido le deja.
Ausentóse y fuese a Italia,
según después tuve nuevas.
Tardó mi hermano en sanar
mucho tiempo, y no se acuerda
en mucho más de su hermana,
como si ya muerta fuera.
Vi que volaban los tiempos,
y que encerraban las rejas
el cuerpo, mas no el deseo,
que es libre y muy mal se encierra.

Vi que mi hermano aspiraba,
codicioso de mi hacienda,
a dejarme entre paredes,
medio viva y medio muerta.
Quise casarme yo misma;
mas no supe en qué manera
ni con quién; que pocos años
en pocos casos aciertan.
Dejóme un viejo mi padre,
hidalgo y de intención buena,
con el cual me aconsejase
en mis burlas y en mis veras.
Comuniquéle mi intento;
respondióme que él quisiera
que el caballero que tuvo
con mi hermano la pendencia,
fuera aquel que me alcanzara
por su legítima prenda,
porque eran tales las suyas,
que por extremo se cuentan.
Pintómele tan galán,
tan gallardo en paz y en guerra,
que en relación vi a un Adonis,
y a otro Marte vi en la tierra.
Dijo que su discreción
igualaba con sus fuerzas,
puesto que valiente y sabio
pocas veces se conciertan.
Estaba yo a sus loores
tan descuidada y atenta,
que tomó el pincel la fama,
y en el alma las asienta,
y amor, que por los oídos
pocas veces dicen que entra,
se entró entonces hasta el alma
con blanda y honrada fuerza;
y fue de tanta eficacia
la relación verdadera,
que adoré lo que los ojos
no vieron, ni ver esperan;
que, rendida a la inclemencia
de un antojo honrado y simple,
mudé traje y mudé tierra.
A mi sabio consejero
fuerzo a que conmigo venga;
que ánimo determinado,
de imposibles no hace cuenta.

ARLAXA. No te suspendas; prosigue

tu bien comenzado cuento,
que ninguna cosa siento
en él que a gusto no obligue,
y aun a pesar.

D. FERNANDO. *(Ap.)* Y es de modo
según que voy discurriendo,
que al alma va suspendiendo,
con la parte y con el todo.

D.ª MARGAR. Enamorada de oídas
del caballero que dije,
me salí del monasterio,
y en traje de hombre vestíme.
Dejé el hermano y la patria,
y, entre alegre y entre triste,
con mi consejero anciano
a la bella Italia vine.
De la mitad de mi alma,
para que yo más le estime,
supe allí que en la estacada
venció a tres, y quedó libre,
y que la parlera fama,
que más de lo que oye dice,
le trajo a encerrar a Orán,
que espera el cerco terrible.
En alas de mi deseo,
desde Nápoles partíme;
llegué a Orán, facilitando
cualquier dudoso imposible,
y apenas pisé su arena,
cuando alborotada fuime
a saber sin preguntarlo,
de quien me tiene tan triste.
De él supe, y pluguiera al cielo,
que consuela a los que aflige,
que nunca yo lo supiera.

D. FERNANDO. Di presto lo que supiste.

D.ª MARGAR. Supe que a volverse moro,
cosa, a pensarla imposible,
dejó los muros de Orán,
y que en vuestra secta vive.
Yo, por no vivir muriendo
entre sospechas tan tristes,
a trueco de ser cautiva,
todo el hecho saber quise;
y así, arrojada y ansiosa,
entre los cristianos vine,
de quien fue Nacor la guía,
que los trajo a lo que vistes.

Ya me quedé, y soy cautiva,
y ya os pregunto si vistes
a este cristiano que busco,
o a este moro que acogistes.
Llamábase don Fernando
de Saavedra, de insignes
costumbres y claro nombre,
como su fama lo dice.
Por él y por mi rescate,
si de él sabéis, se apercibe
mi lengua a ofreceros tanto,
que pase de lo posible.
Ésta es mi historia, señores;
nunca alegre, siempre triste;
si os he cansado en contarla,
lo que me mandastes hice.

ARLAXA. Cristiana, de tu dolor
casi siento la mitad;
que tal vez curiosidad
fatiga como el amor.
Y al que te enciende en la llama
de amor con tantos extremos,
como tú, le conocemos
solamente por la fama.

ALIMUZEL. ¿Debajo de cuál estrella
ese cristiano ha nacido
que aun de quien no es conocido
los deseos atropella?
Ese amigo por quien lloras,
y en quien pones tus tesoros,
las vidas quita a los moros,
y las almas a las moras.

D. FERNANDO. Que no es moro está en razón;
que no muda un bien nacido,
por más que se vea ofendido,
por otra su religión.
Puede ser que a ese español,
que ahora tanto se encubre,
alguna causa le encubre,
como alguna nube al sol.
Mas dime: ¿quién te asegura
que, después de haberle visto,
quede en tu pecho bien quisto?
Que engendra amor la hermosura,
y si él carece de ella,
como imagino y aun creo,
faltando causa, el deseo
faltará, faltando en ella.

D.ª MARGAR. La fama de su cordura
y valor es la que ha hecho
la herida dentro del pecho;
no del rostro la hermosura;
que ésa es prenda que la quita
el tiempo breve y ligero,
flor que se muestra en enero,
que a la sombra se marchita.
Así que, aunque en él hallase
no el rostro y la lozanía
que pinté en mi fantasía,
no hay pensar que no le amase.

D. FERNANDO. Con esa seguridad,
presto me ofrezco mostrarte
al que puede asegurarte
el gusto y la libertad.
Muda ese traje indecente,
que en parte tu ser desdora,
y vístete en el de mora,
que la ocasión lo consiente,
y con Arlaxa y Muzel
los muros de Orán veremos,
donde, sin duda, hallaremos
tu piadoso o tu cruel;
que no es posible dejar
de hallarse en aquesta guerra,
si no le ha hundido la tierra
o le ha absorbido la mar.
Alimuzel no te tardes;
ven, y mira que es razón;
que en semejante ocasión
no es bien parecer cobarde.

ALIMUZEL. Haz cuenta que a punto estoy.

ARLAXA. A mí nada me detiene.

D.ª MARGAR. Ya veis si a mí me conviene
seguiros.

D. FERNANDO. Pues pase hoy;
y mañana, cuando dan
las aves el alborada,
demos a nuestra jornada
principio y al fin de Orán.
¿Queda así?

ALIMUZEL. No hay que dudar.

ARLAXA. ¿Cómo te llamas, señora?

D.ª MARGAR. Margarita; mar do mora
gustos que me han de amargar.

ARLAXA. Ven, que el amor favorece
siempre a honestos pensamientos.

D. FERNANDO. ¡Qué atropellados contentos
la ventura aquí me ofrece! *(Éntranse todos.)*

Sale BUITRAGO *solo a la muralla*

BUITRAGO. ¡Arma, arma, señor, con toda priesa,
porque en el charco azul columbro y veo
pintados leños de una armada gruesa
hacer un medio círculo y rodeo!
El viento el remo impele, el lienzo atesa;
el mar tranquilo ayuda a su deseo.
Arma, pues, que en un vuelo se avecina,
y viene a tomar tierra a la marina.

A la muralla, el CONDE *y* GUZMÁN

CONDE. Turcos cubren el mar, moros la tierra;
don Fernando de Cárcamo al momento
a San Miguel defienda, y a la guerra
se dé principio con furor sangriento.
Mi hermano, que en Almarza ya se encierra,
mostrará de quién es el bravo intento;
que este perro, que nunca otra vez ladre,
es el que en Mostagán mordió a su padre.

GUZMÁN. Mal puedes defenderle la ribera.

CONDE. No hay para qué, si todo el campo cubre
del Cuco y Alabez la gente fiera
tanta, que hace horizonte lo que encubre,
y los que van poblando la ladera
de aquel cerro empinado que descubre
y mira exento nuestros prados secos
son los moros de Fez y de Marruecos.
Coronen las murallas los soldados,
y reitérese el arma en toda parte;
estén los artilleros alistados,
y usen certeros de su industria y arte;
los a cosas diversas diputados
acudan a su oficio, y dése a Marte
el que a Venus se daba, y haga cosas
que sean increíbles de espantosas.

(Éntrese de la muralla el CONDE *y* GUZMÁN)

BUITRAGO. Ánimas, si queréis que al ejercicio
vuelva de mis plegarias y rosario,
pedid que me haga el cielo beneficio
que siquiera no falte el ordinario;
que, aunque de Marte el trabajoso oficio
en mi estómago pide extraordinario,
con diez hogazas que me envíe, sienta
que a seis bravos soldados alimenta.

Éntrase y suenan chirimías y cajas; entran AZÁN BAJÁ *y* BAIRÁN *con el* REY DEL CUCO *y el* ALABEZ

BAIRÁN. Don Francisco, el hermano del valiente
don Juan, que naufragó en la Herradura,
apercibe gran número de gente,
y socorrer a esta ciudad procura.
Don Álvaro Bazán, otro excelente
caballero famoso y de ventura,
tiene cuatro galeras a su cargo,
y éste ha de ser de tu designio embargo.

AZÁN. Su arena piso ya; de Orán colijo
no aquella lozanía que dijiste:
sólo por tocar arma ya me aflijo,
y ver quién será aquel que me resiste.

ALABEZ. Quien al padre venció, vencerá al hijo.
No hay que esperar, ¡oh grande Azán!; embiste;
que el tiempo que te tardas, ése quitas
a tus victorias raras e infinitas.

Entren a esta sazón ARLAXA *y* DOÑA MARGARITA *en hábito de moro,* DON FERNANDO *como moro, y* ALIMUZEL

CUCO. Tienes presente, ¡oh rey Azán!, la gloria
de la África y la flor de Berbería;
un ángel es que anuncia tu victoria,
que el cielo, donde él vive, te le envía.

AZÁN. Tendré yo para siempre en la memoria
esta merced ¡oh gran señora mía!,
bella y sin par Arlaxa, en cuanto el cielo
pudo de bien comunicar al suelo.
¿Qué buscas entre el áspero ruido
del cóncavo metal, que, el aire hiriendo,
no ha de llevar a tu sabroso oído
de Apolo el son, mas el de Marte horrendo?

ARLAXA. El tantarán del atabal herido,
el bullicio de guerra y el estruendo
de gruesa y disparada artillería
es para mí suave melodía.
Cuanto más, que yo vengo a ser testigo
de tus raras hazañas y excelentes,
y a servirte estos dos traje conmigo,
que cuanto son gallardos son valientes.

AZÁN. De agradecer tanta merced me obligo
cuando corran los tiempos diferentes
de aquéstos, porque el fruto de la guerra
en la paz felicísima se encierra.

Entra ROAMA, *moro, con un cristiano galán atadas las manos*

ROAMA. El bergantín que de la Vez se llama
cautivaron anoche tus fragatas,
y éste, que es un don Juan de Valderrama,
venía en él.

AZÁN. ¿Por qué no lo desatas?

(Como entra el CAUTIVO, *se cubre* DOÑA MARGARITA *el rostro con un velo)*

ALABEZ. ¿Cómo sabes su nombre tú, Roama?

ROAMA. Él me lo ha dicho así.

AZÁN. Pues mal le tratas;
si es caballero, suéltale las manos.

D. JUAN. ¿Qué es lo que veo, cielos soberanos?

(Mira a DON FERNANDO.)

AZÁN. ¿De qué tierra eres, cristiano?

D. JUAN. De Jerez de la Frontera.

AZÁN. ¿Eres hidalgo o villano?

ALABEZ. Vestir de aquella manera
los villanos no es muy llano.

D. JUAN. Caballero soy.

AZÁN. ¿Y rico?

D. JUAN. Eso no; pues que me aplico
a ser soldado, señal
que de bienes me va mal;
y esto os juro y certifico.

ALABEZ. De cristianos juramentos
está preñada la tierra,
lleno el mar, densos los vientos.

AZÁN. ¿Y venías?

D. JUAN. A la guerra.

AZÁN. ¡Honrados son tus intentos!

D.ª MARGAR. ¡Éste es mi hermano, señora!

ARLAXA. Disimula como mora,
y cúbrete el rostro más.

CUCO. ¡Buena guerra ahora harás!

D. JUAN. ¿Y cómo la hago ahora?

AZÁN. ¿Qué nuevas hay en España?

D. JUAN. No más que la de esta guerra,
y que ya estás en campaña.

AZÁN. Dirán que mi intento yerra
en emprender tal hazaña;
el socorro aprestarán,
el mundo amenazarán,
y estándole amenazando,

llegarán a tiempo cuando
yo esté en sosiego en Orán.
Preséntote este cristiano,
Arlaxa, como en indicio
de lo que en servirte gano;
y acepta el primer servicio
que recibes de mi mano;
que otros pienso he de hacerte
con que mejores la suerte
de tu aduar saqueado.

ARLAXA. Tenga el grande Alá cuidado,
grande Azán, de engrandecerte.

AZÁN. Vamos, que Marte nos llama
a ejercitar el rigor
que enciende tu ardiente llama.

ARLAXA. Mahoma te dé favor
que aumente tu buena fama.
Ven, cristiano, y darme has cuenta
de quién eres.

(*Éntranse todos, excepto* DON JUAN *y* DON FERNANDO)

D. JUAN. ¡No consienta
el cielo que éste sea aquel
que, enamorado y cruel,
pudo hacerme honrada afrenta!

D. FERNANDO. Escucha, cristiano, espera.

D. JUAN. Ya espero, ya escucho, y veo
lo que nunca ver quisiera,
si me pinta aquí el deseo
esta visión verdadera.

D. FERNANDO. ¿Qué murmuras entre dientes?

D. JUAN. ¿Qué me quieres?

D. FERNANDO. Que me cuentes
quién eres.

D. JUAN. ¿Pues qué te importa?

D. FERNANDO. Hacer tu desgracia corta.

D. JUAN. ¡Podrá ser que me la aumentes!
Muestran que no es opinión
los sobresaltos que paso
mas cosa puesta en razón,
que, sin duda, hace caso
tal vez la imaginación,
pues pienso que estoy mirando
el rostro de don Fernando,
su habla, su talle y brío;
pero que esto es desvarío
su traje me va mostrando.

D. FERNANDO. ¿Todo ha de ser murmurar,
cristiano?
D. JUAN. Perdona, moro,
que no me dejan guardar
el cortesano decoro
las ansias de mi pesar.
Y más, que tú me enmudeces;
porque tanto te pareces
a un cristiano, que me admiro,
que le veo si te miro,
y él mismo en ti mismo ofreces.
D. FERNANDO. En Orán hay un cristiano
que dicen que me parece
como esta mano a esta mano,
y que si acaso se ofrece
vestir hábito africano,
ningún moro hay que le vea
que no diga que yo sea,
y juzgue con evidencia
que sólo nos diferencia
su vestido y mi librea.
No le he visto y voy trazando
verle, que verle deseo,
ya en paz, o ya peleando.
D. JUAN. ¿Cómo se llama?
D. FERNANDO. Yo creo
que se llama don Fernando,
y tiene por sobrenombre
Saavedra.
D. JUAN. Ése es el hombre
por quien con mil males lucho.
D. FERNANDO. De esa manera, no es mucho
que mi presencia te asombre.

Entra ROAMA, *el moro*

ROAMA. Arlaxa y Fátima están
esperándote, cautivo.
D. FERNANDO. Ve en paz; que, rendido Orán,
si el otro yo queda vivo,
tendrá remedio tu afán.
D. JUAN. Estimo tu buen deseo;
mas, con todo aquesto, creo...
Pero no, no creo nada;
que es cosa desvariada
dar crédito a lo que veo.

(*Éntranse* DON JUAN y ROAMA.)

D. FERNANDO. Entre sospechas y antojos,
y en gran confusión metido,
va don Juan lleno de enojos,
pues le estorba este vestido
no dar crédito a sus ojos.
No se puede persuadir
que yo pudiese venir
a ser moro y renegar,
y así se deja llevar
de lo que quise fingir.
Su confesión está llana,
y más lo estará si mira
y si conoce a su hermana;
que entonces no habrá mentira
que no se tenga por vana.
Pregunto: ¿en qué ha de parar
este mi disimular
y este vestirme de moro?
En que guardaré el decoro
con que más me pueda honrar. *(Éntrase.)*

Tócase arma; salen a la muralla el CONDE *y* GUZMÁN, *y al teatro,* AZÁN, *el* CUCO *y* ALABEZ

CONDE. Veinte asaltos creo que son
los que nan dado a San Miguel,
y éste, según es cruel,
me muestra su perdición.
No podrá más don Fernando
de Cárcamo.

GUZMÁN. No, sin duda;
mas, si no se le da ayuda,
su fin le está amenazando
Fuerza que no se socorre,
haz cuenta que está rendida.

AZÁN. San Miguel va de vencida,
que gran morisma allá corre.

Suena mucha vocería de «¡Li, li, li!» y atambores; sale ROAMA

San Miguel se ha entrado ya,
y sobre el muro español
son tus medias lunas sol,
el más bello que hizo Alá.
Fuéronse a Mazalquivir
algunos que se escaparon.

AZÁN. Algún tanto dilataron
esos perros el vivir.

ALABEZ. De esta huida no se arguye
el refrán que el vulgo trata.

que es hacer puente de plata
al enemigo que huye.

CUCO. Hoy de aquel gran capilludo
las memorias quedarán
enterradas en Orán,
pues tú puedes más que él pudo.

AZÁN. ¡Valeroso don Martín,
que te precias de otro Marte,
espera, que voy a darte,
a tu usanza, un San Martín!

Éntranse todos; salen ARLAXA *y* DOÑA MARGARITA, *cubierta el rostro con un velo, y* DON JUAN, *como cautivo*

D. JUAN. Ayer me entró por la vista
cruda rabia a los sentidos,
y hoy me entra por los oídos,
sin haber quien la resista.
Ayer la suerte inhumana,
a quien mil veces maldigo,
me hizo ver mi enemigo,
y hoy me hace oír mi hermana.
Quítate el velo, señora,
y sacarme has de una duda
por quien tiembla el alma y suda.

D.ª MARGAR. ¿Otra vez? No puedo ahora.

D. JUAN. ¡Ay, Dios, que la voz es ésta
de mi buscada enemiga!

D.ª MARGAR. Si el oírme te fatiga,
jamás te daré respuesta.

D. JUAN. No me tengas más suspenso;
descúbrete; que me das,
mientras que cubierta estás,
un dolor que llega a inmenso.

ARLAXA. Fátima, por vida mía,
que te descubras; veremos
por qué hace estos extremos
este cristiano.

D.ª MARGAR. Sí haría,
si no me importase mucho
encubrirme de esta suerte.

D. JUAN. Los ecos son de mi muerte
los que en esta voz escucho.

ARLAXA. Descúbrete, no te asombres;
que has de saber, si lo ignoras,
que nunca para las moras
los cristianos fueron hombres.
Ya no es nadie el que es esclavo;
no tienes que recelarte.

D.ª MARGAR. Yo daré, por contentarte,
con mis designios al cabo.

ARLAXA. *(Ap.)*
Que te conozca, no importa;
cuanto más, que has de negallo.

D.ª MARGAR. *(Ap.)*
Dudosa en todo me hallo.

ARLAXA. *(Ap.)*
Ten ánimo, no seas corta.

D.ª MARGAR. Descúbrome; vesme aquí,
cristiano; mírame bien.

D. JUAN. ¡Oh, el mismo rostro de quien
aquí me tiene sin mí!
¡Oh hembra la más liviana
que el sol ha visto jamás!
¡Oh hermana de Satanás
primero que no mi hermana!
Por ejemplos más de dos
he visto puesto en efeto
que, en perdiéndose el respeto
al mundo, se pierde a Dios.

ARLAXA. ¿Qué dices, perro?

D. JUAN. Que es ésta
mi hermana.

ARLAXA. ¿Fátima?

D. JUAN. Sí.

ARLAXA. ¡En mi vida vi ni oí
tan linda y graciosa fiesta!
¡Tuya mi hermana! ¿Estás loco?
Mírala bien.

D. JUAN. Ya la miro.

ARLAXA. ¿Qué dices, pues?

D. JUAN. Que me admiro,
y en el juicio me apoco.
Por dicha, ¿hace Mahoma
milagros?

ARLAXA. Mil a montones.

D. JUAN. ¿Y hace transformaciones?

ARLAXA. Cuando voluntad le toma.

D. JUAN. ¿Y suele mudar tal vez
en mora alguna cristiana?

ARLAXA. Sí.

D. JUAN. Pues aquésta es mi hermana
y la tuya está en Jerez.

ARLAXA. ¡Roama, Roama, ven!

Entra ROAMA

ROAMA. Señora, ¿qué es lo que mandas?
ARLAXA. Que pongas las carnes blandas
a este perro.
ROAMA. Está bien. *(Vuélvese.)*
ARLAXA. Con un corbacho procura
sacarle de la intención
una cierta discreción
que da indicio de locura.
D.ª MARGAR. De cualquiera maleficio,
Arlaxa, que al hombre culpa,
le viene a sobrar disculpa
en la falta del juicio.
No le castigues así
por cosa que es tan liviana.
D. JUAN. ¡Juro a Dios que eres mi hermana,
o el diablo está hablando en ti!

(Suena dentro asalto.)

ARLAXA. ¿No oyes, Fátima, que dan
asalto a Mazalquivir,
que hasta aquí se hace sentir
en el conflicto en que están?
Deja a ese perro, y acude,
por si lo podemos ver.

(Éntranse ARLAXA *y* DOÑA MARGARITA*)*

D.ª MARGAR. Siempre te he de obedecer.
D. JUAN. ¡Y quieren que de esto dude!
Por ser grande la distancia
que hay de mi hermana a ser mora,
imagino que en mí mora
gran cantidad de ignorancia.
Extraño es el devaneo
con quien vengo a contender,
pues no me deja creer
lo que con los ojos veo. *(Éntrase.)*

Salen a la muralla DON MARTÍN, *el capitán* GUZMÁN *y* BUITRAGO *con una mochila a las espaldas y una bota de vino, comiendo un pedazo de pan.*

D. MARTÍN. ¡Gente soberbia y cruel,
a quien ayuda la suerte,
no penséis que es éste el fuerte
tan flaco de San Miguel!
¡Bravo Guzmán, gran Buitrago,
hoy ha de ser vuestro día!
BUITRAGO. *(Bebe.)*

Déjeme vueseñoría
que me esfuerce con un trago.
¡Échenme de estos alanos
ahora de dos en dos,
porque yo les juro a Dios
que han de ver si tengo manos!

Salen al teatro AZÁN, *el* CUCO, *el* ALABEZ, DON FERNANDO *y otros moros con escalas*

AZÁN. Al embestir no se tarde;
porque quiero estar presente,
para honrar al que es valiente
y dar infamia al cobarde.
Muzel, una escala toma,
y muéstranos que te dan,
como a meliones galán,
manos las del gran Mahoma.
¡Ea; al embestir, amigos;
amigos, al embestir;
que hoy será Mazalquivir
sepultura de enemigos!

(Embisten; anda la grita; lleva ALIMUZEL *una escala; sube por ella, y otro moro por otra; desciende al moro* BUITRAGO, *y* DON FERNANDO *ase a* ALIMUZEL *y derríbale; pelea con otros, y mátalos. Todos han de caer dentro del vestuario. Desde un cabo miran* AZÁN, *el* CUCO *y el* ALABEZ *lo que pasa.)*

D. FERNANDO. Ya no es tiempo de aguardar
a designios prevenidos,
viendo que están oprimidos
los que yo debo ayudar.
¡Baja, Muzel!
ALIMUZEL. ¿Por ventura,
quiéresme quitar la gloria
de esta ganada victoria?
D. FERNANDO. Aún más mi intento procura.
ALIMUZEL. ¡Que me derribas! ¡Espera,
que ya bajo a castigarte!
D. FERNANDO. Aunque bajase el dios Marte
acá de su quinta esfera,
no le estimaré en un higo.
¡Oh, como que trepa el galgo!

(Derriba al otro que sube.)

ALIMUZEL. Poco puedo y poco valgo
con este amigo enemigo.

¿Por qué contra mí, Lozano,
esgrimes el fuerte acero? *(Riñen los dos.)*

D. FERNANDO. Porque soy cristiano, y quiero
mostrarte que soy cristiano.

D. MARTÍN. ¡Disparen la artillería!
¡Aquí Buitrago y Guzmán!
¡Robledo, venga alquitrán!
¡Arrojad esa alcancía!
¡Allí, que se sube aquél!

D. FERNANDO. Donde yo estoy, este muro
estará siempre seguro;
y, aunque le pese a Muzel,
este perro vendrá al suelo. *(Derriba a otro.)*

AZÁN. ¿Quién es aquel que derriba
a cuantos suben arriba?

CUCO. Que es renegado recelo;
pero yo lo veré presto,
y le haré que se arrepienta.

AZÁN. A un rey no toca esa afrenta.

(Vase el del CUCO *contra* DON FERNANDO.)

CUCO. Mahoma se sirve en esto.

GUZMÁN. Buitrago, el que nos defiende
es, sin duda, don Fernando.

BUITRAGO. Aqueso estaba pensando,
porque a los moros ofende.

CUCO. ¡Renegado, perro, aguarda!

D. FERNANDO. ¡Rey del Cuco, perro, aguardo!

CUCO. ¿Cómo en tu muerte me tardo?

D. FERNANDO. Pues la tuya ya se tarda.
Alimuzel, de ésta vas,
y tú, rey, irás de aquésta,
¡Concluyóse ya esta fiesta!

CUCO. ¡Muy malherido me has!

ALIMUZEL. ¡Muerto me has, moro fingido
y cristiano mal cristiano.

(Caen dentro del vestuario.)

D. FERNANDO. Tengo pesada la mano
y alborotado el sentido:
Dios sabe si a mí me pesa.
Gran don Martín valeroso,
haz que desciendan al foso
y recojan esta presa.

GUZMÁN. Don Fernando, señor, es,
que viene a hacer recompensa
de la cometida ofensa:

diez ha herido, y muerto a tres;
y el rey del Cuco es aquel
que yace casi difunto.

D. MARTÍN. Pues socorrámosle al punto.

GUZMÁN. Y el otro es Alimuzel.

D. MARTÍN. Vayan por la casamata
al foso, y retírenlos.

BUITRAGO. Vamos por ellos los dos.

(*Quítanse del muro* GUZMÁN *y* BUITRAGO.)

AZÁN. Ya no es la empresa barata,
pues me cuesta un rey y tantos
que en veinte asaltos han muerto.
¿Alboroto, y en el puerto
(¿qué podrá ser?) de los Santos? (*Suena todo.*)
Campanas en la ciudad
suenan, señal de alegrías,
y tocan las chirimías:
aquésta es gran novedad.
Vamos a ver lo que es esto,
y toquen a recoger.

ALABEZ. No sé lo que pueda ser.

AZÁN. Pues yo lo sabré bien presto. (*Éntranse.*)

Salen BUITRAGO *y* GUZMÁN

GUZMÁN. Al retirar, don Fernando,
que en gran peligro estás puesto.

D. FERNANDO. No lo pienso hacer tan presto.

BUITRAGO. ¿Pues cuándo?

D. FERNANDO. Menos sé cuándo.
Yo, que escalé estas murallas,
aunque no para huir de ellas,
he de morir al pie de ellas,
y con la vida amparallas.
Conozco lo que me culpa,
y, aunque a la muerte me entregue,
haré la disculpa llegue
adonde llegó la culpa.

BUITRAGO. Yo sé muy poco, y diría,
y está muy puesto en razón,
que la desesperación
no puede ser valentía.

GUZMÁN. Menos riesgo está en ponerte
del conde a la voluntad
que hacer la temeridad
donde está cierto el perderte.
Procúrate retirar,
pues es cosa conocida

que al mal de perder la vida
no hay mal que pueda llegar.
En efecto: has de ir por fuerza,
si ya no quieres de grado.

D. FERNANDO. De vuestra fuerza me agrado,
pues más obliga que fuerza.
Retirad aquesos dos
del foso, que es gente ilustre.

BUITRAGO. Locura fuera de lustre
el quedarte, ¡juro a Dios! *(Éntranse todos.)*

Salen AZÁN, ARLAXA, DOÑA MARGARITA, DON JUAN *y* ROAMA, *que trae preso a* VOZMEDIANO

ROAMA. Éste, pasando de Orán
a Mazalquivir, fue preso.

AZÁN. Éste nos dirá el suceso
y por qué alegres están.

VOZMEDIANO. Porque les entró un socorro,
que por él, ¡oh gran señor!,
a la hambre y al temor
han dado carta de horro.
un don Álvaro Bazán,
terror de naciones fieras,
a pesar de tus galeras,
ha dado socorro a Orán.
En la cantidad es poco,
y en el valor, sobrehumano.

D. JUAN. Si aquéste no es Vozmediano,
concluyo con que estoy loco.

VOZMEDIANO. ¡Suerte airada por quien vivo
en pena casi infinita!
Aquélla, ¿no es Margarita,
y su hermano aquel cautivo?

AZÁN. ¿Hay nuevas de otro socorro,
cristiano?

VOZMEDIANO. Dicen que sí.

D. JUAN. De haber dudado hasta aquí
ya me avergüenzo y me corro.
¿No os llamáis vos Vozmediano?

VOZMEDIANO. No, señor.

D. JUAN. ¿Qué me decís?

VOZMEDIANO. Que no

D. JUAN. ¡Por Dios, que mentís!

VOZMEDIANO. Estoy preso y soy cristiano,
y así, no os respondo nada.

D. JUAN. ¿Aquélla no es Margarita,
viejo ruin?

VOZMEDIANO. Es infinita
vuestra necedad pensada.
Pedro Álvarez es mi nombre;
ved si os habéis engañado.

D. JUAN. El seso tengo turbado;
no hay cosa que no me asombre.
Que si éste no es Vozmediano
y no es Margarita aquélla,
y el que causó mi querella
no es el otro mal cristiano,
tampoco soy yo don Juan,
sino algún hombre encantado.

Entra un MORO

MORO. ¿Cómo estás tan sosegado,
valeroso y fuerte Azán?
Si tardas un momento, no habrá fusta,
galera ni bajel de cuantos tienes
en este mar que no sea miserable
presa del español, que a remo y vela
viene a embestirle. Rey Azán, ¿qué aguardas?

AZÁN. Todo moro se salve, que los turcos
solos se han de embarcar. ¡Adiós, amigos!

(Vase.)

ARLAXA. Fátima, no me dejes, ven conmigo,
que tiempo habrá donde a tu gusto acudas.

D.ª MARGAR. No te puedo faltar; guía, señora.

(Éntranse las dos.)

D. JUAN. Solos quedamos, hombre, y sólo quiero
que me digas quién eres; que yo pienso
que eres un Vozmediano de mi tierra.

VOZMEDIANO. No es este tiempo para tantas largas;
la libertad tenemos en las manos;
dejarla de cobrar será locura.
Pedro Álvarez me llamo, por ahora. *(Éntrase.)*

D. JUAN. ¿Cómo podré dejarte, hermana o mora?

(Éntrase.)

Salen a la muralla DON MARTÍN, GUZMÁN, DON FERNANDO *y* BUITRAGO

D. MARTÍN. ¡Oh, que se embarca el perro y que se escapa!
Dobla la punta, general invicto,
y embístele.

GUZMÁN. Por más que lo procura,
no es posible alcanzarle.

D. FERNANDO. ¡A orza, a orza,
con la vela hasta el tope! ¡Oh, que se escapa!
De Canastel el cabo dobla, y vase
D. MARTÍN. Los perros de la tierra, en remolinos
confusos, con el miedo a las espaldas,
huyen y dejan la campaña libre.
BUITRAGO. Toda la artillería se han dejado.
GUZMÁN. Las proas endereza nuestra armada
al puerto, y ya de Orán el conde insigne
ha salido también.
D. MARTÍN. A la marina,
que el bravo don Francisco de Mendoza
no tardará en llegar.

(*Éntranse* DON MARTÍN *y* BUITRAGO)

D. FERNANDO. Amigo, escucha:
¿no ves aquel montón que va huyendo
de moros por la falda del ribazo?
GUZMÁN. Muy bien. ¿Por qué lo dices?
D. FERNANDO. Allí creo
que va de esta alma la mitad.
GUZMÁN. ¿Va Arlaxa?
D. FERNANDO. Arlaxa va.
GUZMÁN. ¡Mahoma la acompañe!
D. FERNANDO. Ven, que con ella va la que me lleva
el alma, y me conviene detenerlas;
sígueme, que has de hacer por mí otras cosas
que me importan la honra.
GUZMÁN. Yo te sigo;
que hasta las aras he de serte amigo. (*Éntranse.*)

Sale, como que se desembarca, DON FRANCISCO DE MENDOZA; *recíbenle el* CONDE *y* DON MARTÍN, BUITRAGO *y otros*

CONDE. Sea vuesa señoría bien venido,
cuanto ha sido el deseo
que de verle estas fuerzas han tenido.
D. FRANCISCO. El cielo, a lo que creo,
en mi mucha tardanza ha sido parte,
porque viese esta tierra más de un Marte;
que de aquestas murallas las ruinas
muestran que aquí hubo brazos
de fuerzas que llegaron a divinas.
BUITRAGO. Rompen por embarazos
imposibles los hartos y valientes,
y esto saben mis brazos y mis dientes.
D. MARTÍN. ¡Paso, Buitrago!
BUITRAGO. Yo, señor, bien puedo
hablar, pues soy soldado

tal, que a la hambre sola tengo miedo.
Ya el cerco es acabado.

D. MARTÍN. No es para aquí, Buitrago, aqueso. ¡Paso!

BUITRAGO. Nadie sabe la hambre que yo paso.

CONDE. Cincuenta y siete asaltos reforzados
dieron los turcos fieros
a estos terrones por el suelo echados.

BUITRAGO. Cincuenta y siete aceros
tajantes respondieron a sus bríos,
todos en peso de estos brazos míos.
Corté y tajé más de una turca estambre.

CONDE. ¡Buitrago, basta ahora!

BUITRAGO. Bastara, a no morirme yo de hambre.

D. FRANCISCO. En vuestro pecho mora,
famoso don Martín, la valentía.

BUITRAGO. Y en el mío la hambre y sed se cría.

Entra el CAPITÁN GUZMÁN *y lee un billete a* DON FRANCISCO, *y, en leyéndole, dice:*

D. FRANCISCO. Haráse lo que pide don Fernando;
que todo lo merece
lo que de él va la fama publicando.
Coyuntura se ofrece
donde alegre y seguro venir puede.

GUZMÁN. Tu gran valor al que es mayor excede

(*Éntrase* GUZMÁN.)

D. FRANCISCO. Pido, en albricias de este buen suceso,
señor conde, una cosa
que por algo atrevida la confieso,
mas no dificultosa.

CONDE. ¿Qué me puede mandar vueseñoría
que no haga por deuda o cortesía?

D. FRANCISCO. De don Fernando Saavedra pido
perdón, porque su culpa
con su fogoso corazón la mido,
y él dará su disculpa.

CONDE. Muy mal la podrá dar; pero, con todo,
señor, a vuestro gusto me acomodo.

Entran DON FERNANDO *y* ALIMUZEL, *con una banda como que está herido;* ARLAXA, DOÑA MARGARITA, DON JUAN *y* VOZMEDIANO.

D. FERNANDO. Si confesar el delito,
con claro arrepentimiento,
mitiga en parte la ira
del juez que es sabio y recto,

yo, arrepentido, aunque tarde,
el mal que hice confieso,
sin dar más disculpa de él
que un honrado pensamiento.
A la voz del desafío
de este moro corrí ciego,
sin echar de ver los bandos,
que al más bravo ponen freno.
Pero no es este lugar
para alargarme en el cuento
de mi extraña y rara historia,
que dejo para otro tiempo.

CONDE. Agradecedlo al padrino
que habéis tenido, que creo
que allí llegará la pena
do llegó el delito vuestro.
Pero ¿qué moras son éstas
y qué cautivos? ¿Qué es esto?

D. FERNANDO. Todo lo sabrás después,
y por ahora te ruego
que me des, señor, licencia
para hablar sólo un momento
y acomodar muchas causas
de quien verás los efectos.

CONDE. Hablad lo que os diere gusto,
que del vuestro le tendremos;
que siempre vuestras palabras
responden a vuestros hechos.

D. FERNANDO. Yo soy, Arlaxa, el cristiano,
y entiende que ya no miento,
don Fernando, el de la fama,
que te enamoró el deseo.
La palabra que le diste
a Alimuzel tenga efecto,
que él hará entrega de mí,
pues yo en sus manos me entrego.
Y vos, don Juan valeroso,
cuyo honrado y noble intento
os trujo a tal confusión
que os turbó el conocimiento,
perdonad a vuestra hermana,
que el rômper del monasterio
redundará en su alabanza,
señor, si vos gustáis de ello.
Sin dote será mi esposa;
que nunca falta el dinero
donde los gustos se miden
y se estrechan los deseos.

En esta mora en el traje
a vuestra hermana os ofrezco,
y a mi esposa, si ella quiere.

D.ª MARGAR. Yo sí quiero.

D. FERNANDO. Yo sí quiero.

D. JUAN. ¿No es aquéste Vozmediano?

VOZMEDIANO. El mismo.

D. JUAN. ¡Gracias al cielo
que, tras de tantos nublados,
claro el sol y alegre veo!
No es este famoso día
de venganzas, y no tengo
corazón a quien no ablande
tal sumisión y tal ruego.
Yo perdono a Margarita,
y por esposa os la entrego,
Alejandro de mi hacienda,
pues la mitad os ofrezco.

ARIAXA. Y yo la mano a Muzel;
que, aunque mora, valor tengo
para cumplir mi palabra;
cuanto más que lo deseo.

CONDE. Tan alegre de estas cosas
estoy, cuanto estoy suspenso,
porque de ellas veo el fin,
y no imagino el comienzo.

D. FERNANDO. ¿Ya no te he dicho, señor,
que te lo diré a su tiempo?

Entra UNO

UNO. En este punto expiró
el buen alférez Robledo.

GUZMÁN. Dios le perdone, y mil gracias
doy al piadoso cielo
que me quitó de los hombros
tan pesado sobrehueso.
Quien quiera tener la vida
rendida a cualquier encuentro,
y no tener gusto en ella
ni velando ni durmiendo,
afrente a algún bien nacido,
y verá presente luego
el rostro que el temor tiene,
las sospechas y el recelo.

BUITRAGO. Quien quisiere se le quite
todo temor, todo miedo,
tenga hambre, y verá cómo
cesa todo en no comiendo.

D. MARTÍN. Yo añadiré las raciones,
Buitrago.
BUITRAGO. ¡Hágate el cielo
vencedor nunca vencido
por casi siglos eternos!
CONDE. Entremos en la ciudad,
señor don Francisco.
D. FRANCISCO. Entremos,
porque a la vuelta me llaman
estos favorables vientos,
y quiero desde el principio
entender estos sucesos,
porque, en ser de don Fernando,
gustaré de que sean buenos.
BUITRAGO. Tóquense las chirimías,
y serán, si bien comemos,
dulces y alegres las fiestas.
GUZMÁN. ¿Y si no?
BUITRAGO. Renegaremos.
UNO. ¡Buitrago, daca el alma!
BUITRAGO. ¡Hijo de puta! ¿Tenemos
más almas que dar, bellaco?
UNO. ¡Daca el alma!
BUITRAGO. ¡Por San Pedro,
que si os asgo, hi de poltrón,
que habéis de saber si tengo
alma que daros!
GUZMÁN. Buitrago,
no haya más, que llega el tiempo
de dar fin a esta comedia,
cuyo principal intento
ha sido mezclar verdades
con fabulosos inventos.

FIN DE «EL GALLARDO ESPAÑOL»